아무도 본 적이 없는
무시무시한 공룡들

초판 1쇄 발행 2022년 6월 30일
초판 2쇄 발행 2022년 8월 30일

펴낸이 김대현
펴낸곳 아이위즈
저자 도라 마틴스
그린이 다니엘 해밀턴
옮긴이 윤영
주소 서울시 강서구 양천로 738, 한강G트리타워 613호
전화 (02)2268-6042 / 팩스 (02)2268-9422
홈페이지 WWW.ATHENAPUB.CO.KR
등록 1991년 2월 22일 제2-1134호
ISBN 979-11-86316-30-6

THE ATLAS OF DIABOLICAL DINOSAURS AND OTHER AMAZING
CREATURES OF THE MESOZOIC
COPYRIGHT © NEXTQUISITE LTD. 2021
KOREAN TRANSLATION RIGHTS © IWIZBOOKS · ATHENA
PUBLISHING INC. 2022
KOREAN TRANSLATION RIGHTS ARE ARRANGED WITH
NEXTQUISITE LTD. THROUGH AMO AGENCY KOREA.
ALL RIGHTS RESERVED

이 책의 한국어판 저작권은 AMO 에이전시를 통해 저작권자와 독점 계약한 아이위즈·㈜도서출판 아테나 에 있습니다. 저작권법에 의해 한국 내에서 보호를 받는 저작물이므로 무단 전재와 무단 복제를 금합니다.

아이위즈 IWIZBOOKS는 ㈜도서출판 아테나의 브랜드입니다.

책값은 표지에 있습니다. 잘못된 책은 바꾸어 드립니다.
주의! 책의 모서리 부분이 날카로우니, 다치지 않도록 주의하세요.

아무도 본 적이 없는
무시무시한 공룡들

저자 : 도라 마틴스
삽화 : 다니엘 해밀턴
번역 : 윤영

아이위즈

차례

6-7 공룡의 세계
유명한 공룡과 다른 생물들

8-9 공룡 발굴
지질 연대, 화석, 대륙 이동
그리고 재미있는 공룡 발굴 이야기

10-11 중생대의 세계
트라이아스기, 쥐라기, 백악기

16-17 뿔과 프릴
각룡, 하드로사우루스 그리고 파키케팔로사우루스

18-19 케찰코아틀루스
북아메리카와 세계의 익룡

12-13 북아메리카
주요 발굴지와 북아메리카의 유명한 공룡

14-15 포식자와 먹잇감
스테고사우루스 vs 알로사우루스 그리고 거대 용각류

20-21 남아메리카
주요 발굴지와 남아메리카의 유명한 공룡

22-23 트라이아스기의 공포의 대상
메나돈을 사냥하는 그나토보락스
그리고 초기 공룡과 목 가시

24-25 거대 공룡의 싸움
아르헨티노사우루스를 사냥하는 기가노토사우루스
그리고 티타노사우루스류

26-27 유럽
주요 발굴지와 유럽의 유명한 공룡

28-29 이구아노돈의 세계
시조새, 공룡 그리고 조류

30-31 바다의 파충류
어룡, 수장룡, 모사사우루스 등

32-33 아시아
주요 발굴지와 아시아의 유명한 공룡

34-35 공룡의 사회생활
기간토랍토르와 깃털 달린 공룡들

36-37 공룡알 화석지
테리지노사우루스 군락과 공룡의 알과 새끼

38-39 아프리카
주요 발굴지와 아프리카의 유명한 공룡

40-41 무시무시한 낚시꾼
스피노사우루스와 마다가스카르의 공룡

42-43 오세아니아와 남극대륙
주요 발굴지와 오세아니아와 남극대륙의 유명한 공룡

44-45 남극대륙에서 살기
백악기 동안 공룡, 바다 파충류 그리고 조류

46-47 공룡의 종말
멸종 이론

48 색인

공룡의 세계

우린 지금 공룡 발견의 황금기를 살고 있어요. 고생물학자들은 전통적인 기술과 최첨단 기술을 잘 결합한 방법으로 매년 새로운 공룡을 50가지씩 발견해낸대요! 일주일에 한 종류는 발견하는 셈이죠!

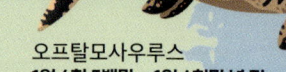

가장 긴 공룡 이름은 미크로파키케팔로사우루스. 작고 굵은 머리를 가진 공룡이란 뜻이래요!

티라노사우루스
6천 8백만 ~ 6천 6백만 년 전

오프탈모사우루스
1억 6천 5백만 ~ 1억 6천만 년 전

프라테오사우루스
1억 5백만 ~ 9천 3백만 년 전

렙토케라톱스
6천 7백만 ~ 6천 6백만 년 전

파키케팔로사우루스
7천 6백만 ~ 6천 6백만 년 전

토르보사우루스
1억 5천 3백만 ~ 1억 4천 8백만 년 전

아나비세티아
9천 3백만 ~ 8천 9백만 년 전

스피노사우루스
9천 9백만 ~ 7천 5백만 년 전

아마르가사우루스
1억 2천 9백만 ~ 1억 2천 2백만 년 전

리오자사우루스
2억 2천 8백만 ~ 2억 8백만 년 전

스테고사우루스
1억 5천 5백만 ~ 1억 4천 5백만 년 전

아우스트로랍토르
8천 5백만 ~ 6천 6백만 년 전

스테고사우루스는 검룡 중에서 가장 크고 유명한 종류예요. 스테고사우루스는 큰 무리를 이루고 살면서 키 작은 식물이나 떨어진 과일을 먹었어요.

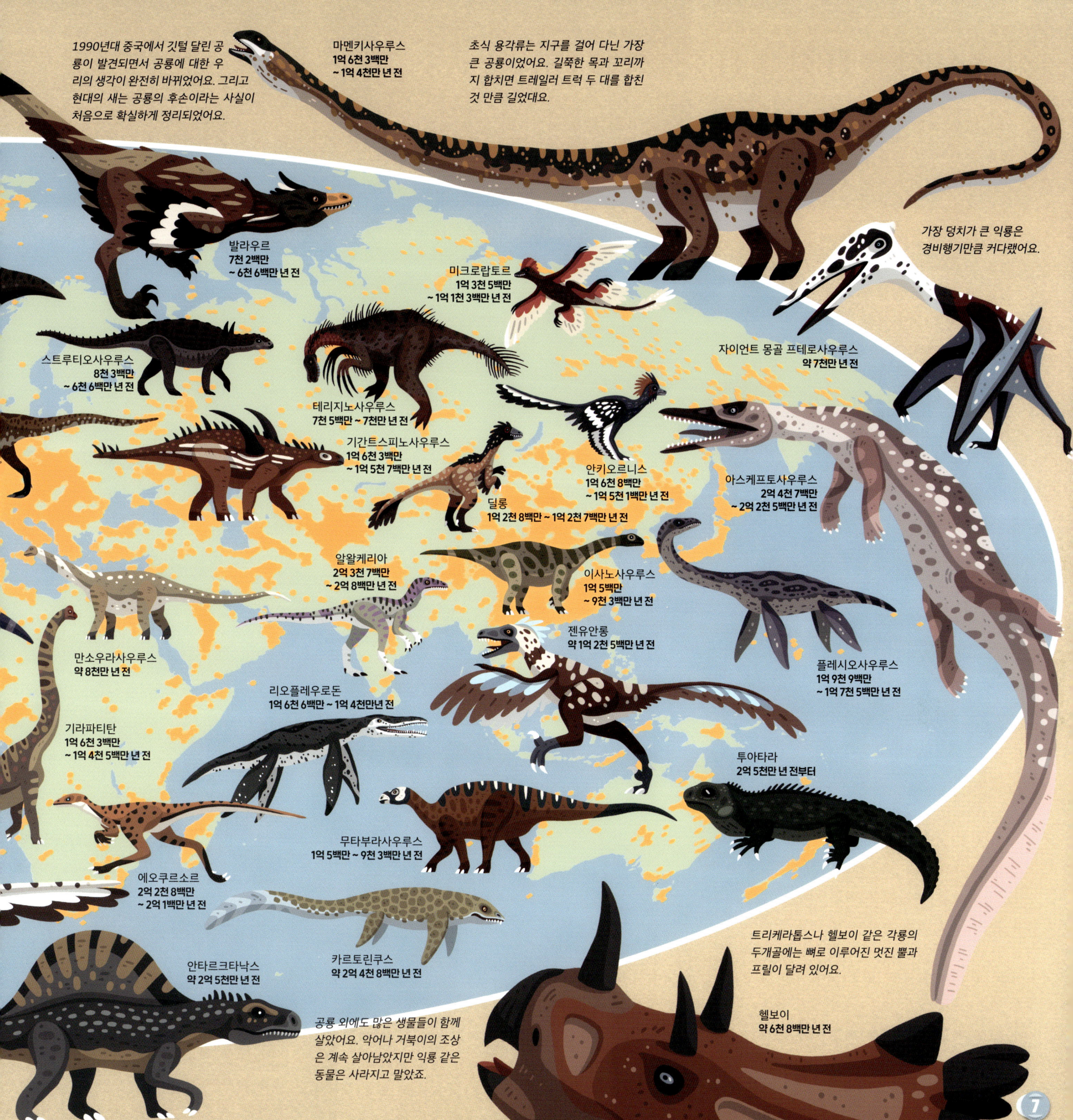

지질 연대

과학자들은 우리 지구의 역사를 지질학적 시간 단위로 나누고 있어요. 지구라는 행성은 46억 년 전에 만들어졌어요. 최초의 원시적인 생물 형태는 약 40억 년 전에 처음 생겨났지만 5억 5천만 년 전 캄브리아기가 될 때까지는 생물이 그리 풍부하진 않았어요. 공룡은 2억 5천 2백만 년 전부터 6천 6백만 년 전인 중생대에 지구에 살았죠.

지질학자나 고생물학자 같은 지구 과학자들은 지구의 오랜 역사를 기간에 따라 나누어요. 가장 긴 기간은 누대이며, 이 누대는 대로 나눌 수 있고, 대는 다시 기, 세 등으로 나눌 수 있어요.

신생대	제4기	홀로세	1만 1천 7백 년 전
		홍적세	1백 8십만 년 전
	제3기	플라이오세	5백 3십만 년 전
		마이오세	2천 3백만 년 전
		올리고세	3천 3백 9십만 년 전
		에오세	5천 5백 8십만 년 전
		팔레오세	6천 6백만 년 전
			대멸종
중생대		백악기	1억 4천 5백 5십만 년 전
		쥐라기	1억 9천 9백 6십만 년 전
		트라이아스기	2억 5천 2백만 년 전
			대멸종
고생대		페름기	2억 9천 9백만 년 전
		석탄기	3억 6천만 년 전
		데본기	4억 1천 6백만 년 전
		실루리아기	4억 4천 3백만 년 전
		오르도비스기	4억 8천 8백 3십만 년 전
		캄브리아기	5억 4천 2백만 년 전
선캄브리아대		원생대	25억 년 전
		시생대	
		태고대	

지구의 형성

포유류 시대 / 공룡의 시대

인간, 포유동물, 꽃식물, 최초의 조류, 최초의 포유류, 공룡, 파충류, 곤충류, 어류, 거미, 육생 식물, 무악류, 삼엽충, 카르니아, 스트로마톨라이트

공룡 발굴

공룡 과학은 1842년 영국에서 공식적으로 시작되었어요. 똑똑하지만 호락호락하지 않은 동물학자 리처드 오언이 '끔찍한 도마뱀'이라는 뜻에서 공룡이라는 단어를 처음 만들어냈죠. 과학자들은 150년 전부터 공룡 화석을 수집하고 연구했지만 그것을 하나의 파충류 무리로 따로 묶은 것은 천재적인 오언 덕분이었죠.

화석이 뭐죠?

공룡이나 다른 멸종 생물에 대해 우리가 알고 있는 건 다 화석에 대한 연구 덕분이에요. 화석은 오랜 보존 과정을 거친 동물이나 식물의 잔해로, 수천 년에서 수백만 년 동안 화석 상태로 있다가 발굴되지요. 대부분의 화석은 뼈와 같은 동물의 단단한 부위가 돌처럼 변한 것이랍니다.

오른쪽 : 공룡은 어떤 과정을 거쳐 고생물학자가 발견할 수 있는 화석이 되는 걸까요.

4. 발굴

지각 변동으로 땅속 깊이 묻혀 있던 동물의 시체가 우연히 발견될 때도 있고, 과학자들이 일부러 화석을 찾을 때도 있어요.

3. 화석화

아주 오랜 시간에 걸쳐 동물의 뼛속으로 무기물이 스며들어 가고, 뼈는 돌처럼 단단해져요.

위 : 지구의 주요 지각 표층의 모습이에요. 이 지각은 두께가 대략 100킬로미터 정도 되지요.

표류하는 대륙

이 책의 각 챕터는 대륙의 지도로 시작하며 그곳에 살았던 공룡들을 함께 보여줄 거예요. 또한 공룡 시대의 각 시기에 현재의 대륙이 어디에 위치해 있었는지 보여주는 조그만 지도 세 개도 볼 수 있을 거예요.

공룡이 처음 등장했던 트라이아스기에는 모든 대륙이 판게아라는 거대한 땅덩어리로 뭉쳐 있었어요.

약 2억 년 전, 쥐라기가 시작될 때는 판게아가 두 개의 대륙, 즉 남쪽의 곤드와나, 북쪽의 로라시아로 분리되기 시작했어요.

백악기가 끝날 무렵 드디어 우리가 알아볼 수 있는 대륙의 형태가 생겨나기 시작했어요. 아직은 그 위치가 지금과 많이 다르지만요.

대륙 이동

지각은 약 7개의 대륙 크기의 암석 판과 약 12개의 작은 암석 판으로 나뉘어 있어요. 과학자들은 이 암석 판을 '판상 지각 표층'이라고 불러요. 이 지각 표층은 끊임없이 움직이고 있어요. 그 밑에 있는 맨틀이라는 부드러운 바위 부분이 계속 움직이면서 대륙과 섬을 조금씩 이동시키고 있거든요. 우리가 지금 알고 있는 대륙의 모습은 공룡이 살던 시대의 대륙과는 상당히 다르답니다.

1. 죽음

보통은 동물이 죽으면 다른 동물에게 잡아먹혀요. 하지만 종종 강이나 호수에 떨어져 바닥에 가라앉기도 하죠.

고생물학은 약 11,700년 전 시작된 홀로세 이전의 생물을 연구하는 학문입니다.

2. 분해

진흙이나 모래가 죽은 동물의 시체를 덮어요. 그러면 죽은 동물의 살은 천천히 썩어서 사라져요.

오, 실수를 해버렸네!

공룡은 지금의 동물과 많이 다르기 때문에 고생물학자들도 처음엔 당황스러울 때가 많았어요. 그래서 화석을 발굴해서 그 뼈를 다시 이어 붙일 때 재미있는 실수도 많이 했답니다.

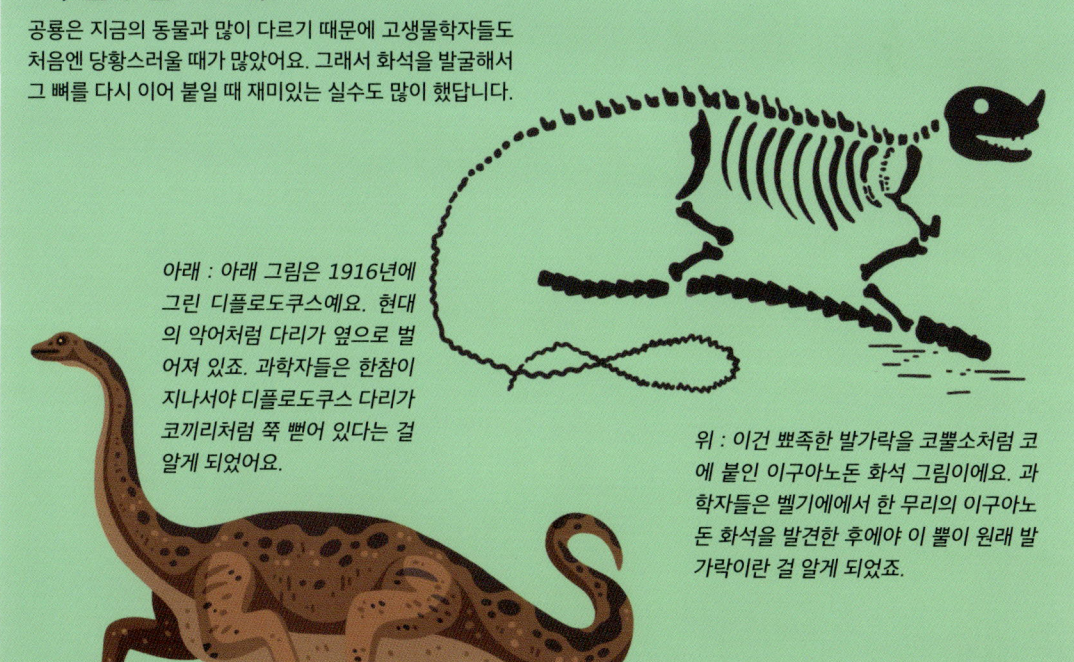

아래 : 아래 그림은 1916년에 그린 디플로도쿠스예요. 현대의 악어처럼 다리가 옆으로 벌어져 있죠. 과학자들은 한참이 지나서야 디플로도쿠스 다리가 코끼리처럼 쭉 뻗어 있다는 걸 알게 되었어요.

위 : 이건 뾰족한 발가락을 코뿔소처럼 코에 붙인 이구아노돈 화석 그림이에요. 과학자들은 벨기에에서 한 무리의 이구아노돈 화석을 발견한 후에야 이 뿔이 원래 발가락이란 걸 알게 되었죠.

중생대의 세계

공룡은 약 1억 6천 5백만 년 동안 지구를 지배했어요. 그들은 중생대에 가장 두드러진 육지 동물이었어요. 같은 시기 바다에는 오늘날의 어류와는 다른 수장룡이나 모사사우루스가 가득했고, 하늘엔 우리가 익룡이라고 부르는 신기한 동물이 날고 있었어요. 중생대의 지구는 지금 우리가 아는 지구와는 완전히 달랐어요.

트라이아스기의 세계

트라이아스기는 대멸종이라는 큰 사건이 벌어진 직후에 시작되었어요. 극심한 화산 활동과 지구 온난화 때문에 지구상의 생명체 90퍼센트 이상이 사라졌던 거죠. 지구가 다시 회복되면서 몇몇 살아남은 종들이 빈 서식지를 다시 채우기 시작했어요. 최초의 공룡을 포함한 파충류 그리고 작은 포유류가 새롭게 등장했고 점점 그 수가 늘어났지요. 트라이아스기의 기후는 덥고 건조했어요. 지구의 육지는 판게아라는 초대륙으로 서로 연결되어 있었고, 판게아는 판탈라사라는 광활한 바다에 둘러싸여 있었죠. 트라이아스기가 끝날 무렵, 바다는 생명체로 가득차게 되었어요. 그중에는 돌고래를 닮은 어룡, 목이 긴 수장룡도 있었죠.

쥐라기의 세계

쥐라기 전기, 로라시아는 북쪽으로 곤드와나는 남쪽으로 갈라지며 판게아가 둘로 나뉘었어요.

두 대륙이 서서히 나뉠 때 그 틈으로 바다가 흘러들어 오면서 기후는 훨씬 더 습해졌지요. 아열대 환경 속에서 식물이 엄청나게 잘 자라게 되자, 디플로도쿠스와 마멘키사우루스 같이 새롭게 등장한 거대 용각류 공룡은 이 식물로 배를 채울 수 있게 되었죠. 이 외에 초식 동물로는 등 쪽에 골판이 있는 검룡류 공룡도 있었어요. 초식 공룡의 수와 종류가 점점 늘어나자, 알로사우루스 같이 그들을 잡아먹는 새로운 포식자도 생겨났어요. 바다에서는 여전히 파충류가 잘 살고 있었고, 최초의 새로 알려진 시조새가 익룡들과 나란히 하늘을 날게 되었어요.

켄트로사우루스
2억 년 전

마멘키사우루스
1억 6천 3백만 ~ 1억 4천만 년 전

키티파티는 몽골에 살았던 새 같은 공룡이었어요. 잘 보존된 화석이 많이 남아 있어서 우리에게도 유명한 공룡이죠.

혼비 아일랜드는 캐나다 동쪽 해안에 있는 섬이에요. 고양이 크기의 익룡이 이 섬에 무척 많이 살았다고 해요.

스티라코사우루스는 거대한 각룡이었어요. 코에 난 뿔 길이가 60센티미터나 됐답니다.

시아츠 미커로룸은 북아메리카에 살았던 아주 큰 포식자 공룡이었어요. 시아츠는 알로사우루스와 비슷한 종류랍니다.

백악기의 세계

백악기는 그 어느 때보다 공룡의 수가 많았고 그 종류도 다양했어요. 백악기 후기 북아메리카와 유라시아에서는 티라노사우루스가 하드로사우루스, 각룡류, 곡룡류 공룡을 잡아먹었고, 남쪽 대륙에서는 티타노사우루스가 아벨리사우루스와 카르카로돈토사우루스의 먹이가 되었어요. 새와 익룡도 함께 종류가 다양해졌어요. 바다에서는 뱀같이 생긴 모사사우루스가 수장룡류의 뒤를 이었다면 육지에서는 포유류가 날로 늘어났지요. 백악기가 끝날 무렵에는 대륙이 지금의 모습과 거의 비슷해졌어요. 어떤 이들은 이 시점부터 벌써 공룡의 수가 줄어들고 있었을 거라고 주장해요. 그 후, 약 6천 6백만 년 전 일어난 대재앙과 같은 사건으로 백악기가 그리고 공룡들이 사라지게 되었어요.

포스토수쿠스
2억 3천 7백만 ~ 2억 1백만 년 전

카일레스티벤투스
2억 년 전

코엘로피시스
2억 2천 5백만
~ 1억 9천만 년 전

아리조나사우루스
2억 4천 7백만
~ 2억 4천 2백만 년 전

프테로닥틸루스
1억 5천 1 백만
~ 1억 4천 8백만 년 전

알로사우루스
1억 5천 5백만
~ 1억 4천 5백만 년 전

포스토수쿠스는 트라이아스기 후기, 최초의 공룡들과 함께 살았던 거대한 육식 파충류였어요.

코엘로피시스 역시 최초의 공룡 중 하나로, 작고 날씬하며 재빨랐지요. 그리고 곤충이나 작은 파충류를 사냥했어요.

아리조나사우루스는 등에 높다란 돛 혹은 혹이 달려 있었어요. 트라이아스기 중기의 지배 파충류로 공룡보다는 악어와 더 비슷했어요.

카일레스티벤투스는 초기 익룡 중 하나로 트라이아스기 후기, 북아메리카에 살았어요.

켄트로사우루스는 아프리카 출신 검룡이었어요. 크기는 스테고사우루스의 반 정도 되며 등을 따라 뾰족한 가시와 골판이 나 있고, 어깨에도 커다란 가시 두 개가 나 있었어요.

마멘키사우루스는 엄청나게 긴 목으로 유명해요. 이 커다란 용각류는 중국에 살았어요.

프테로닥틸루스는 유럽과 아프리카에 살았어요. 최초로 하늘을 날았던 익룡으로 알려져 있어요.

알로사우루스는 거대한 포식자였어요. 힘센 뒷다리로 빠르게 달리면 시속 35킬로미터까지 속력을 낼 수 있었죠.

시아츠 미커로럼
약 9천 8백만 년 전

혼비 아일랜드 익룡
약 7천 7백만 년 전

스티라코사우루스
8천 3백만 ~ 7천만 년 전

키티파티
8천 4백만 ~ 6천 6백만 년 전

움직이는 대륙

트라이아스기 후기
판게아

쥐라기 후기
로라시아
곤드와나

백악기 후기
로라시아
내륙해
곤드와나

지도에 표시된 주황색 땅이 지금의 북아메리카예요. 백악기를 거치는 동안 바다에 의해 대륙이 두 개로 분리가 되었죠.

북아메리카

북아메리카에는 무척 유명한 공룡들이 많이 살았어요. 서쪽의 사막이나 거친 황무지에 공룡 화석이 엄청나게 많이 남아 있답니다. 화석은 원래 식물이나 흙이 없는 건조한 환경에서 잘 생기거든요. 땅 속 깊은 곳에 묻혀 있던 화석이 로키 산맥이 솟아오르면서 덩달아 땅 위로 밀려 올라왔고, 과학자들이 그걸 찾아낸 거죠.

알로사우루스
1억 5천 5백만 ~ 1억 4천 5백만 년 전

작디작은 뇌
스테고사우루스는 덩치에 비해 뇌가 아주 조그마했어요. 겨우 핫도그 정도의 크기로, 공룡 중에서 가장 작았답니다.

디플로도쿠스
1억 5천 5백만 ~ 1억 4천 5백만 년 전

스테고사우루스
1억 5천 5백만 ~ 1억 4천 5백만 년 전

디플로도쿠스

다른 모든 용각류처럼 디플로도쿠스도 긴 목과 긴 꼬리를 갖고 있으며 튼튼한 네 다리에 거대한 몸집을 자랑해요. 긴 꼬리는 높이 쳐들고서는 방어를 할 때나 짝짓기를 할 때 채찍처럼 휘두를 수 있어요. 디플로도쿠스는 큰 무리를 이루고서 다양한 식물을 먹으며 살았죠.

가장 큰 티라노사우루스 렉스 공룡은 '스코티'라는 이름으로 알려져 있는데, 무게가 무려 8천 9백 킬로그램이나 돼요. 스코티는 약 6천 6백만 년 전 캐나다의 서스캐처원에서 28살에 죽었답니다.

트리케라톱스
6천 8백만 ~ 6천 6백만 년 전

티라노사우루스
6천 8백만 ~ 6천 6백만 년 전

이 힘 센 턱에는 이빨이 60개나 달려 있었어요.

궁극의 육식 동물

이 흉악한 포식자의 입에는 길이가 20센티미터나 되는 이빨이 가득했고, 무는 힘은 사자의 세 배 정도로 강했어요. 뛰어난 후각을 이용해 먹잇감을 쫓아다니고, 죽은 고기를 먹기도 했어요.

티라노사우루스는 짧은 앞다리에 기다란 발톱이 두 개씩 달려 있었어요.

북아메리카의 공룡에 관한 모든 것 베스트 10!

1. **가장 유명한 공룡은** 티라노사우루스 렉스예요. 스피노사우루스나 기가노토사우루스처럼 더 큰 육식 공룡이 발견되었는데도 말이에요.

2. **북아메리카 초기 공룡 두 가지는** 코엘로피시스와 플라테오사우루스예요. 둘 다 트라이아스기 후기에 살았죠.

3. **가장 머리가 무거운 공룡은** 트리케라톱스나 스티라코사우루스 같은 각룡류예요. 목에 난 거대한 프릴 때문이죠.

4. **가장 큰 머리 볏을 가진 공룡은** 파라사우롤로푸스입니다. 속이 빈 볏의 길이가 1.8미터나 됐죠.

5. **가장 큰 익룡은** 케찰코아틀루스 F-16 전투기와 비슷한 크기였답니다.

6. **가장 최근에 발견된 티라노사우루스류 공룡은** '죽음의 사신', 타나토테리스테스입니다. 티렉스와 가까운 친척인 이 공룡은 2018년 앨버타 박물관의 공룡 화석 틈에서 발견되었어요.

7. **가장 큰 수장룡은** 엘라스모사우루스예요. 길이가 15m나 되지요.

8. **가장 키가 큰 공룡은** 사우로포세이돈입니다. 머리를 높이 들면 6층 건물 속까지 들여다볼 수 있어요!

9. **가장 두꺼운 두개골의 주인공은** 파키케팔로사우루스. 두개골 뼈 두께가 무려 26센티미터였대요.

10. **토끼만한 각룡의 이름은** 아킬롭스이지요.

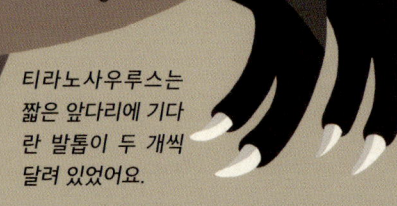

포식자와 먹잇감

사나운 알로사우루스는 쥐라기 후기 최고의 포식자였어요. 날카로운 톱니 모양의 이빨과 갈고리 모양의 힘센 발톱으로 무장한 알로사우루스는 다 자란 검룡류와 대결할 수 있을 정도로 컸고, 심지어 비슷한 시기에 살던 거대한 용각류를 공격할 때도 있었죠. 스테고사우루스는 덩치가 너무 커서 빠르게 도망칠 수 없었기 때문에, 대신 뾰족뾰족한 가시가 달린 꼬리를 휘둘러 자신을 방어했어요.

떡 벌린 입과 무시무시한 이빨

알로사우루스는 입을 아주 크게 벌릴 수 있어서 한 번만 세게 물어도 상대에게 치명적인 상처를 남길 수 있었어요. 그리고 입 안에는 70개가 넘는 칼날같이 생긴 이빨이 줄지어 있었죠.

살갗을 찢는 발톱

알로사우루스는 발마다 날카로운 발톱이 세 개씩 달려 있어서 먹잇감을 움켜쥐거나 벨 수 있어요.

알로사우루스

- 사는 곳 : 북아메리카, 포르투갈, 탄자니아, 시베리아 1억 5천 5백만 ~ 1억 4천 5백만 년 전
- 크기 : 길이 : 최대 12m
- 무게 : 최대 2,300kg
- 먹이 : 육식

알로사우루스는 무리를 지어 사냥을 했을지도 몰라요. 함께 공격하면 어마어마한 덩치의 용각류도 쓰러뜨릴 수 있으니까요.

알로사우루스는 초기에 발견된 공룡 화석 중 하나로 그 수도 많고 그만큼 많이 알려져 있어요. 알로사우루스도 그 종류가 몇 가지 된답니다.

묵직한 용각류

공룡의 시대에는 어마어마하게 큰 거인들이 지구를 누비고 다녔어요. 디플로도쿠스, 브라키오사우루스 같은 덩치 큰 용각류 공룡이 북아메리카뿐만 아니라 전 세계에 걸쳐 숲과 평원을 누비고 다녔죠. 그들은 지구에 살았던 가장 큰 동물에 속해요. 어떤 종류는 현대의 코끼리 열 두 마리를 합친 것보다 더 무거웠대요. 이 거대한 동물들은 네 다리로 걸어 다녔는데 엄청난 무게를 견딜 수 있게 다리뼈가 무지막지하게 단단했대요.

30 미터

플라테오사우루스는 원시 용각류였어요. 거대한 용각류의 조상이라는 뜻이죠. 그리고 여전히 두 다리로 걸어다녔어요.

디플로도쿠스의 이빨은 빗처럼 생겨서 침엽수에 붙어 있는 가시를 훑어낼 수 있었어요.

수퍼사우루스는 용각류 중에서도 가장 큰 종류예요. 백악기 전기까지 살아남았죠.

플라테오사우루스
2억 1천 4백만 ~ 2억 4백만 년 전

디플로도쿠스
1억 5천 5백만 ~ 1억 4천 5백만 년 전

수퍼사우루스
1억 5천 7백만 ~ 1억 4천 2백만 년 전

브라키오사우루스
1억 5천 5백만 ~ 1억 4천만 년 전

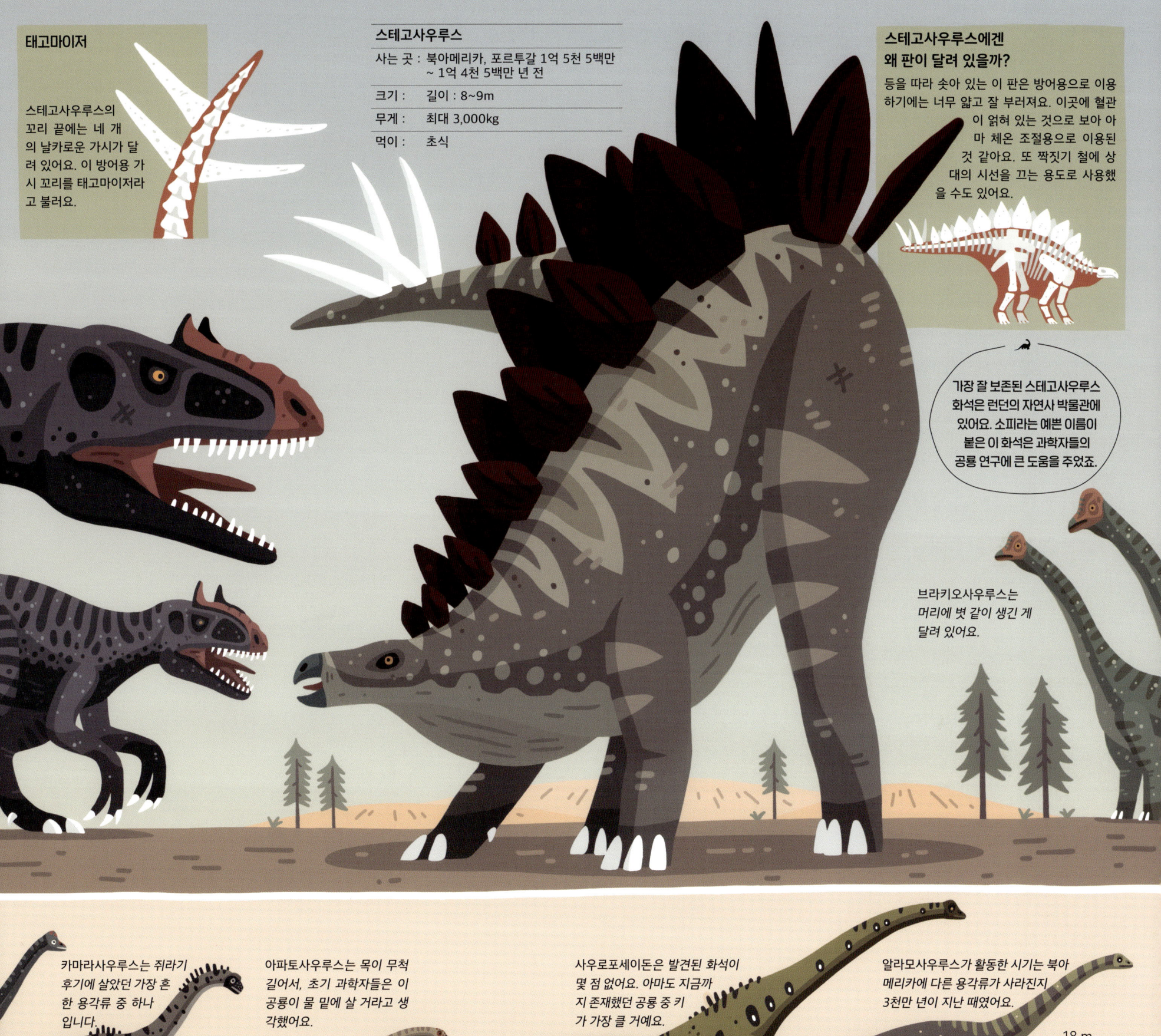

태고마이저
스테고사우루스의 꼬리 끝에는 네 개의 날카로운 가시가 달려 있어요. 이 방어용 가시 꼬리를 태고마이저라고 불러요.

스테고사우루스
- 사는 곳 : 북아메리카, 포르투갈 1억 5천 5백만 ~ 1억 4천 5백만 년 전
- 크기 : 길이 : 8~9m
- 무게 : 최대 3,000kg
- 먹이 : 초식

스테고사우루스에겐 왜 판이 달려 있을까?
등을 따라 솟아 있는 이 판은 방어용으로 이용하기에는 너무 얇고 잘 부러져요. 이곳에 혈관이 얽혀 있는 것으로 보아 아마 체온 조절용으로 이용된 것 같아요. 또 짝짓기 철에 상대의 시선을 끄는 용도로 사용했을 수도 있어요.

가장 잘 보존된 스테고사우루스 화석은 런던의 자연사 박물관에 있어요. 소피라는 예쁜 이름이 붙은 이 화석은 과학자들의 공룡 연구에 큰 도움을 주었죠.

브라키오사우루스는 머리에 볏 같이 생긴 게 달려 있어요.

카마라사우루스는 쥐라기 후기에 살았던 가장 흔한 용각류 중 하나입니다.

아파토사우루스는 목이 무척 길어서, 초기 과학자들은 이 공룡이 물 밑에 살 거라고 생각했어요.

사우로포세이돈은 발견된 화석이 몇 점 없어요. 아마도 지금까지 존재했던 공룡 중 키가 가장 클 거예요.

알라모사우루스가 활동한 시기는 북아메리카에 다른 용각류가 사라지고 3천만 년이 지난 때였어요.

18 m (59 ft)

카마라사우루스 1억 5천 5백만 ~ 1억 4천 5백만 년 전
아파토사우루스 1억 5천 2백만 ~ 1억 5천 1백만 년 전
바로사우루스 1억 5천 2백만 ~ 1억 5천만 년 전
사우로포세이돈 1억 2천 5백만 ~ 1억 년 전
알라모사우루스 7천만 ~ 6천 6백만 년 전

치명적인 볏

파라사우롤로푸스는 각룡류와 비슷한 시기에 살았지만 서로 밀접한 관련이 있지는 않았어요. 오리 주둥이를 가진 하드로사우루스로, 부리처럼 생긴 입을 갖고 있고, 두개골 뒤쪽에 기다란 볏이 달려 있었죠. 파라사우롤로푸스는 두 발이나 네 발로 걸을 수 있고 다양한 식물을 먹이로 삼았어요.

파라사우롤로푸스
7천 7백만 ~ 7천 3백만 년 전

볏은 과시용으로 이용되기도 하고 다른 공룡에게 종이나 성별을 알려주는 역할도 해요. 울음소리를 크게 키워주는 역할도 했을지 모른대요.

볏은 속이 비어 있었어요. 콧구멍부터 볏 뒤쪽 꼭대기까지 마치 기다란 관처럼 뚫려 있는 거죠.

파키케팔로사우루스
7천 6백만 ~ 6천 6백만 년 전

수컷 파키케팔로사우루스는 두꺼운 두개골을 이용해 짝짓기 기간 동안 다른 수컷들과 박치기 경기를 벌인대요.

두꺼운 머리

파키케팔로사우루스는 '두꺼운 머리를 가진 공룡'이라는 뜻으로, 이 초식동물의 머리 위에는 높이가 적어도 25센티미터는 되는 뼈가 솟아올라 있었요. 미국의 몬태나, 사우스다코타, 와이오밍에서 딱 한 종류의 화석만 발견되었어요.

북아메리카

뿔과 프릴

백악기 후기, 북아메리카에는 무척이나 다양한 공룡들이 모여 살았는데, 그중에는 머리에 무척 복잡하게 생긴 뿔이나 프릴이 달려 있는 공룡도 있었어요. 이런 종류를 우리는 각룡이라고 부르죠. 그중에서 가장 유명한 건 트리케라톱스이지만, 멋진 뿔과 프릴을 자랑하는 공룡 종류는 수십 가지가 넘었답니다.

화려한 프릴은 왜 있는 걸까?
이 멋들어진 머리 장식은 짝을 유혹하기 위한 것이라는 설명이 가장 그럴 듯 해요. 암컷이나 수컷 모두 프릴을 갖고 있으면서, 자신이 건강하고 멋진 공룡이니 어서 짝으로 선택해 달라고 뽐내는 거죠.

각룡은 두 그룹으로 나뉘어요. 카스모사우루스는 긴 세모난 프릴과 이마에 난 큰 뿔이 특징이고, 센트로사우루스는 가시가 박힌 네모난 프릴과 코에 난 큰 뿔이 특징이죠.

스티라코사우루스
8천 3백만 ~ 7천만 년 전

아퀼롭스는 아메리카 대륙의 초기 각룡 중 하나예요. 크기는 토끼 정도였대요.

스티라코사우루스는 가장 인상적인 프릴과 뿔을 갖고 있어요. 그리고 같은 스티라코사우루스라도 공룡마다 그 모양이 조금씩 달랐지요.

코스모케라톱스
8천 4백만 ~ 7천 1백만 년 전

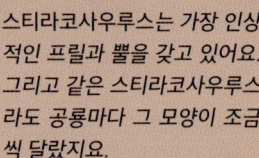

아퀼롭스
1억 8백만 ~ 1억 4백만 년 전

웬디케라톱스
7천 9백만 ~ 7천 8백만 년 전

센트로사우루스
7천 6백 ~ 7천 5백만 년 전

카스모사우루스
8천 3백만 ~ 7천만 년 전

유타케라톱스
7천 6백만 ~ 7천 5백만 년 전

에이노사우루스
8천 4백만 ~ 7천 2백만 년 전

알베르타케라톱스
8천 3백만 ~ 7천 6백만 년 전

헬보이(레갈리케라톱스)

사는 곳 : 미국, 6천 8백만 년 전
길이 : 5m
무게 : 1,500kg
먹이 : 초식

헬보이는 새롭게 등장한 각룡이면서 트리케라톱스와 무척 비슷한 점이 많았어요. 거대한 프릴 주변에는 마치 왕관처럼 가시가 박혀 있고, 머리 무게만 265킬로그램이 넘었지요.

케찰코아틀루스

이 거대한 포식자 익룡은 4백만 년 동안 북아메리카에 살았어요. 네 발을 모두 이용해 살금살금 걸어서 먹잇감을 쫓아간 뒤, 무시무시한 부리로 어리거나 아픈 공룡, 또는 조그만 파충류를 낚아챘죠. 케찰코아틀루스는 하늘도 편안하게 날아다녔어요. 마치 특대형 행글라이더처럼 공기의 흐름, 즉 기류를 타고 날아올랐죠.

이 세상의 익룡들

익룡은 공룡과 함께 살아가던 나는 파충류였어요. 익룡과 공룡은 같은 파충류에서 각자 다른 방향으로 진화한 가까운 친척 관계이죠.

소르데스는 쥐라기 후기에 카자흐스탄에 살았던 조그만 익룡이에요.

소르데스
1억 6천 3백만
~ 1억 5천 2백만 년 전

예홀롭테루스는 중국에 살았어요. 공룡의 피를 빨아 먹기도 했기 때문에 '흡혈 익룡'으로도 알려져 있답니다.

예홀롭테루스
1억 6천 5백만
~ 1억 6천 1백만 년 전

탈라소드로메우스
1억 1천 2백만
~ 1억 9백만 년 전

탈라소드로메우스는 브라질에 살았어요. 두개골에는 거대한 볏이 달려 있고 이빨이 없었대요.

케찰코아틀루스

사는 곳 : 북아메리카 7천 1백만 ~ 6천 6백만 년 전
크기 : 날개너비 10~12m
무게 : 논란이 있지만 대략 250kg
먹이 : 육식(작은 공룡 & 다른 파충류)

어떤 과학자들은 케찰코아틀루스가 너무 무거워서 날지 못했을 거라고 생각해요. 하지만 대부분은 힘 센 다리를 이용해 공중으로 튀어오를 수 있었을 거라고 믿고 있어요. 한 번 공중에 뜨면 높이 날아올라서 최대 시속 90킬로미터로 활강할 수 있었죠.

맨 처음에 고생물학자들은 케찰코아틀루스가 다른 조그만 익룡들과 마찬가지로 바다 위에서 물고기를 낚아채는 방식으로 사냥을 했을 거라고 생각했어요. 하지만 케찰코아틀루스는 이런 방식을 이용하기에는 덩치가 너무 컸지요. 아마도 트리케라톱스처럼 땅에서 작은 파충류나 아기 공룡을 사냥했을 가능성이 커요.

움직이는 대륙

트라이아스기 후기
판게아

쥐라기 후기
로라시아
곤드와나

백악기 후기
로라시아
곤드와나

지도에 표시된 주황색 땅이 지금의 남아메리카예요. 트라이아스기와 쥐라기 동안에는 남아메리카가 아프리카와 붙어 있었어요. 그래서 두 대륙에는 공통된 공룡이 많죠.

남아메리카

남아메리카에는 가장 오래된 공룡 화석이 있어요. 고생물학자들은 적어도 2억 4천만 년 전인 트라이아스기 후기 동안 이곳에 최초의 공룡이 나타났다고 믿고 있어요. 당시 지구의 육지는 판게아라고 불리는 거대 땅덩어리로 붙어 있었기 때문에 최초의 공룡들은 어디든 마음껏 돌아다닐 수 있었죠. 판게아가 둘로 분리되자 북쪽의 로라시아와 남쪽의 곤드와나에 사는 공룡들은 서로 다른 방향으로 진화를 시작했어요.

에오드로마에우스
2억 3천 7백만
~ 2억 2천 8백만 년 전

남아메리카는 지구상에 존재했던 가장 덩치 큰 공룡들의 보금자리였어요. 아르헨티노사우루스, 드레드노투스, 후탈롱코사우루스 같은 티타노사우루스들 모두 여기에 살았답니다.

티타노사우루스
전함의 이름을 딴 드레드노투스는 적어도 중형차 여섯 대를 합친 길이에 아프리카 코끼리 열두 마리를 합친 무게를 자랑했어요. 후탈롱코사우루스는 그보다 훨씬 더 길었고요.

후탈롱코사우루스
9천 3백만 ~
8천 5백만 년 전

에오랍토르
2억 3천 1백만 ~
2억 2천 8백만 년 전

드레드노투스
8천 4백만 ~
6천 6백만 년 전

리오자사우루스
2억 2천 8백만 ~
2억 8백만 년 전

아우스트로랍토르
8천 5백만 ~
6천 6백만 년 전

남쪽의 랍토르
아우스트로랍토르의 뒷발에는 드로마에오사우루스과 공룡의 트레이드마크라고 할 수 있는 무시무시한 갈고리 모양 발톱이 달려 있었어요. 이빨이나 턱도 다른 랍토르와는 차이가 있어서 작은 포유류나 익룡뿐만 아니라 물고기까지 사냥을 잘 했답니다. 또한 아우스트로랍토르의 몸에는 깃털이 가득했어요.

길이는 5미터, 무게는 300킬로그램에 달하는 아우스트로랍토르는 남반구에 사는 드로마에오사우루스 종류 중에 가장 컸고, 북아메리카의 다코타랍토르와 유타랍토르와 비슷한 수준이었죠.

남아메리카 공룡에 관한 모든 것 베스트 10!

1. **세상에서 가장 긴 공룡** 아르헨티노사우루스는 길이가 40미터가 넘었어요. 무려 자동차 9대를 합친 길이죠!

2. **남아메리카에서 가장 큰 육식 공룡**은 기가노토사우루스로 티렉스보다 더 크고 더 빨랐어요. 이 무시무시한 포식자는 티렉스보다 3천만 년 전에 등장했죠.

3. **남아메리카에서 가장 맨 처음 알려진 공룡**은 에오랍토르로 '새벽의 도둑'이라는 뜻이에요.

4. **목 가시가 가장 긴 공룡**은 아마르가사우루스예요. 앞쪽을 향해 뻗어 있는 목의 가시 길이가 60센티미터가 된답니다.

5. **머리에 커다란 볏**이 달려 있는 브라질의 익룡은 카이우아야라예요. 1971년 처음으로 카이우아야라가 잔뜩 묻혀 있는 지층을 발견했어요.

6. **전함의 이름을 딴 공룡**은 드레드노투스. 너무나 커서 화석을 다 파내는 데 4년이나 걸렸어요.

7. **CT 스캐너로 머리를 스캔한 공룡**은 사나토박투스예요. 2억 3천 3백만 년 전 화석인데도 상태가 무척 좋았죠.

8. **현재 포유류의 조상**이라고 할 수 있는 파충류는 키노돈트예요. 2억 6천만 ~ 1억 7천 6백만 년 전에 살았지요.

9. **가장 이상한 공룡 이름**은 이리타토르입니다. 화석 수집가들이 떨어져 나간 화석의 코 부분에 시멘트를 바르는 바람에 복구를 하느라 짜증이 난 과학자들이 '짜증나는 것'이라는 뜻으로 이름을 붙인 거지요.

10. **온몸이 판으로 뒤덮인** 티타노사우루스 이름은 살타사우루스예요.

20 남아메리카

공룡 이전엔

공룡은 어느 날 갑자기 나타난 게 아니에요. 초기 파충류가 아주 오랜 기간에 걸쳐 진화를 한 결과랍니다. 공룡은 지배파충류라고 불리는 동물의 일종으로 오늘날까지 살아남은 지배파충류로는 악어나 새가 있어요. 공룡이 처음 등장했을 땐 지배파충류의 종류도 무척 다양했었죠.

피사노사우루스
2억 2천 8백만 ~
2억 1천 6백만 년 전

공룡인가 아닌가?

피사노사우루스는 1962년 아르헨티나에서 불완전한 형태의 화석이 발견되면서 알려졌어요. 맨 처음 과학자들은 이 동물이 초기 공룡인 줄 알았지만, 이제는 초기 공룡과 가까운 친척 관계인 실레사우리드류라는 걸 알게되었죠.

이스키구알라스티아
2억 3천 7백만 ~
2억 2천 7백만 년 전

이스키구알라스티아는 아주 큰 디키노돈트 중 하나였어요. 좀 더 유명한 플라케리아스보다도 훨씬 더 컸죠. 이스키구알라스티아는 네 다리로 걸으며 식물을 먹었어요. 그리고 디키노돈트류는 트라이아스기 말에 모두 멸종했죠.

사우로수쿠스
2억 3천 7백만 ~
2억 8백만 년 전

사우로수쿠스는 '도마뱀 악어'라는 뜻으로 거대하고 무시무시한 포식자에 걸맞은 이름이었어요. 사우로수쿠스는 헤레라사우루스나 에오랍토르처럼 조그만 초기 공룡과 함께 살았지만, 아마 너무 느려서 공룡들을 잡지는 못했을 거예요.

트라이아스기의 공포의 대상

최근에 브라질에서 새로운 포식자 공룡이 발견되었어요. 아마도 지구를 공포에 떨게 한 최초의 공룡이었을 그나토보락스는 '엄청난 턱'이라는 뜻이에요. 말 정도의 크기밖에 되지 않지만 린코사우루스나 키노돈트 같은 생물을 사냥해 잡아먹었지요. 화석이 된 뼈의 상태가 매우 좋아서 과학자들은 그나토보락스의 머리를 CT 스캐너에 넣어 고대 공룡의 뇌에 대해 연구를 할 수 있었답니다.

키노돈트

털로 뒤덮인 온혈 동물인 키노돈트는 공룡 이전에 오랫동안 존재했던 동물이에요. 인간을 포함해 현대 포유류의 조상이라고 할 수 있죠. 키노돈트라는 이름은 '개 이빨'이라는 뜻이랍니다.

메나돈은 큰 개만한 키노돈트였어요. 어찌 보면 커다란 설치류처럼 보이기도 했죠. 지금 이 녀석은 배고픈 그나토보락스에게서 도망치고 있어요.

메나돈
2억 5천만 ~ 2억 년 전

최초의 공룡을 찾는 연구

공룡과 가장 가까운 친척은 실레사우리드였어요. 중간 크기의 이 동물은 마치 다리가 긴 도마뱀처럼 생겼죠. 하지만 실레사우리드와 최초의 공룡 사이에는 1천만~1천 5백만 년이라는 시간적 틈이 있어요. 과학자들은 이 틈을 메꾸기 위해 지금도 연구를 계속하고 있답니다.

사투르날리아
2억 3천 7백만 ~
2억 8백만 년 전

사투르날리아는 아주 초기 공룡으로 용각류와 수각류 공룡의 특징을 다 갖고 있었어요.

마라수쿠스
2억 4천 2백만
~ 2억 3천 7백만 년 전

마라수쿠스는 공룡과 비슷한 점이 무척 많지만 공룡으로 분류를 할 수 없는 아르코사우르(조룡)에요. 이름은 '마라 악어'라는 뜻이에요.

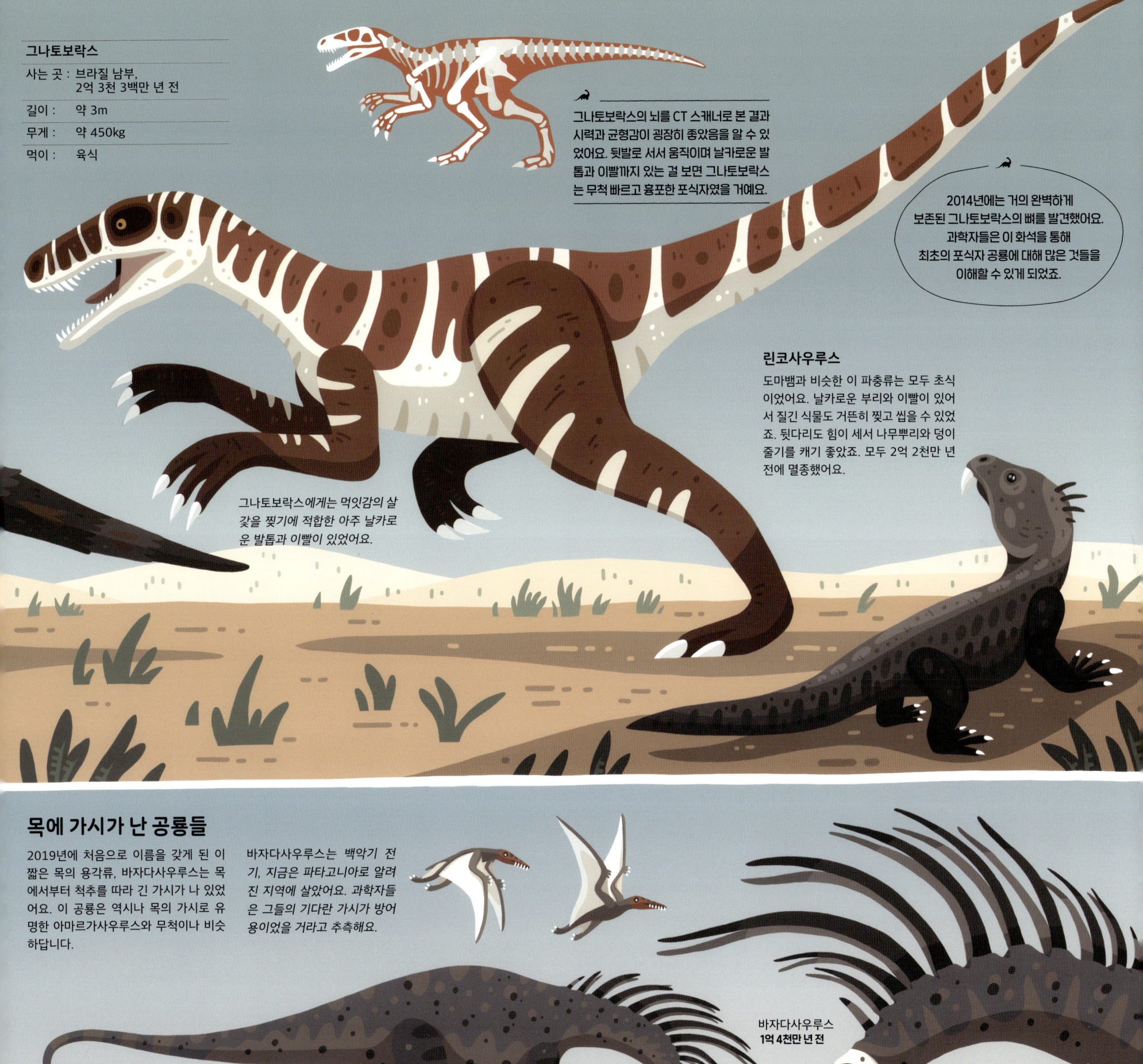

그나토보락스

- 사는 곳 : 브라질 남부, 2억 3천 3백만 년 전
- 길이 : 약 3m
- 무게 : 약 450kg
- 먹이 : 육식

그나토보락스의 뇌를 CT 스캐너로 본 결과 시력과 균형감이 굉장히 좋았음을 알 수 있었어요. 뒷발로 서서 움직이며 날카로운 발톱과 이빨까지 있는 걸 보면 그나토보락스는 무척 빠르고 흉포한 포식자였을 거예요.

2014년에는 거의 완벽하게 보존된 그나토보락스의 뼈를 발견했어요. 과학자들은 이 화석을 통해 최초의 포식자 공룡에 대해 많은 것들을 이해할 수 있게 되었죠.

린코사우루스

도마뱀과 비슷한 이 파충류는 모두 초식이었어요. 날카로운 부리와 이빨이 있어서 질긴 식물도 거뜬히 찢고 씹을 수 있었죠. 뒷다리도 힘이 세서 나무뿌리와 덩이줄기를 캐기 좋았죠. 모두 2억 2천만 년 전에 멸종했어요.

그나토보락스에게는 먹잇감의 살갗을 찢기에 적합한 아주 날카로운 발톱과 이빨이 있었어요.

목에 가시가 난 공룡들

2019년에 처음으로 이름을 갖게 된 이 짧은 목의 용각류, 바자다사우루스는 목에서부터 척추를 따라 긴 가시가 나 있었어요. 이 공룡은 역시나 목의 가시로 유명한 아마르가사우루스와 무척이나 비슷하답니다.

바자다사우루스는 백악기 전기, 지금은 파타고니아로 알려진 지역에 살았어요. 과학자들은 그들의 기다란 가시가 방어용이었을 거라고 추측해요.

바자다사우루스
1억 4천만 년 전

거대 공룡의 싸움

특히 백악기에는 남아메리카에 거대 공룡이 많이 살았어요. 어떤 것들은 티타노사우루스처럼 초식 공룡이었고, 기가노토사우루스 같은 육식 포식자들도 있었죠. 과학자들은 남아메리카의 공룡이 이렇게 커진 이유를 이곳이 지구의 다른 곳과 분리되었기 때문이라고 생각해요. 가장 큰 티타노사우루스는 오늘날 지구상에서 가장 큰 생물인 흰긴수염고래(대왕고래)보다도 길이가 길었지만 무게는 그에 미치지 못했어요.

티타노사우루스의 몸
티타노사우루스는 목과 꼬리가 긴 거대 초식 공룡이었지만 다른 용각류보다 몸이 훨씬 튼튼했어요. 어떤 것들은 심지어 온 몸에 갑옷을 입은 듯 판으로 뒤덮여 있었죠.

아르헨티노사우루스
사는 곳 :	아르헨티나, 9천 9백만 ~ 9천만 년 전
길이 :	최대 35m
무게 :	최대 100,000kg
먹이 :	초식

쉽게 공격할 수 없는 공룡
아르헨티노사우루스는 무척 큰 동물이었어요. 워낙 커서 기가노토사우루스가 떼로 공격을 해도 다 자란 아르헨티노사우루스 한 마리를 제압하기도 힘들었을 거예요. 포식자들은 아마도 망보는 곳에서 늙거나 병든, 혹은 어린 공룡을 지켜보고 있다가 몰래 공격했을 거예요.

기가노토사우루스는 길이가 20센티미터나 되는 날카롭고 뾰족한 이빨이 있어서 먹잇감의 질긴 살갗도 베어 낼 수 있었어요.

기가노토사우루스
사는 곳 :	아르헨티나, 1억 1천 2백만 ~ 9천만 년 전
길이 :	최대 13m
무게 :	최대 14,000kg
먹이 :	육식

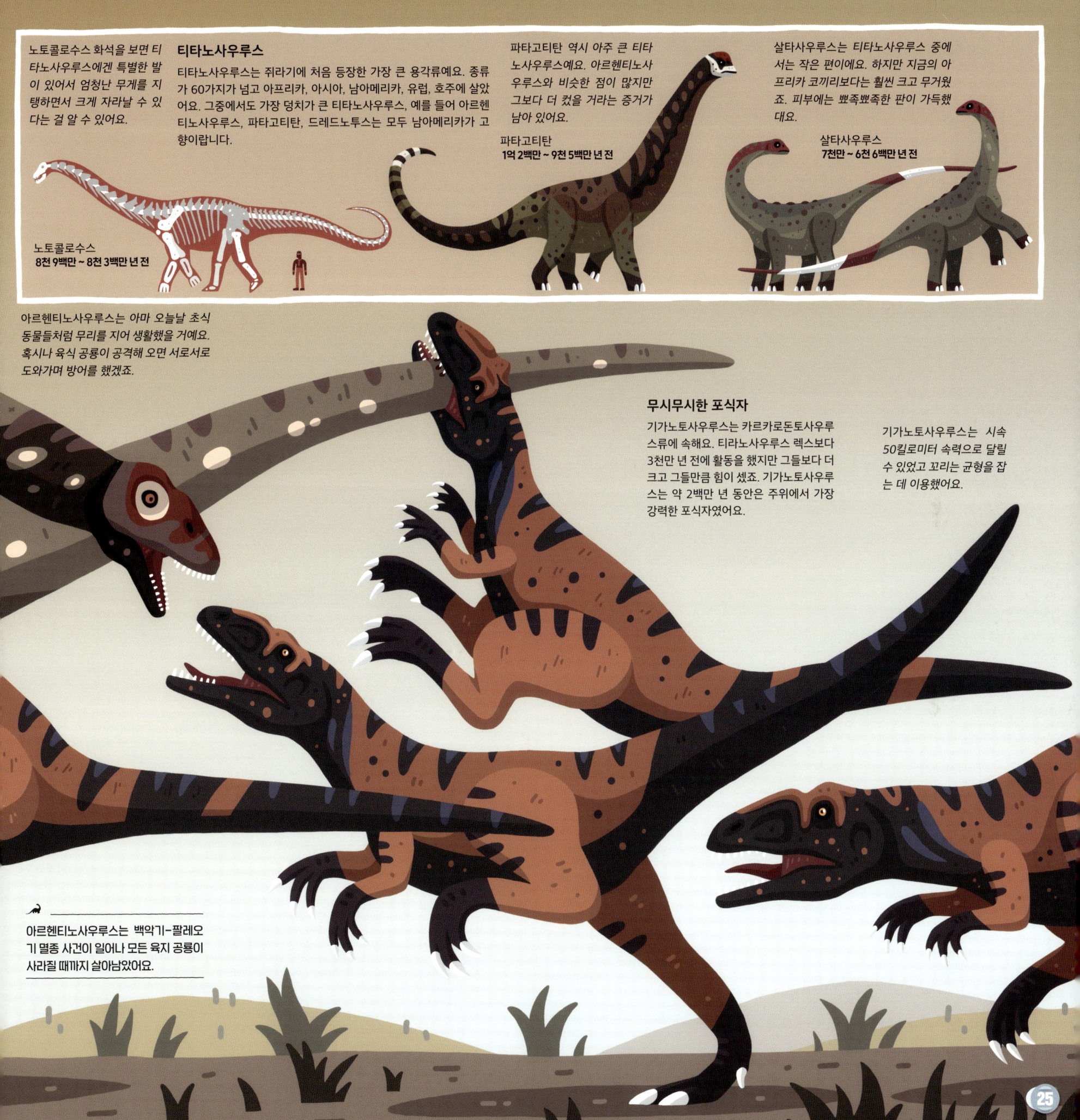

유럽

움직이는 대륙

트라이아스기 후기
판게아

쥐라기 후기
로라시아
곤드와나

백악기 후기
로라시아
내륙해
곤드와나

지도에 표시된 주황색 땅이 지금의 유럽이에요. 중생대 동안 따뜻하고 얕은 바다에 흩어져 있는 섬들이 모여 유럽의 대부분을 이루게 되었어요.

유럽 최초의 공룡은 2억 2천 5백만 년 전에 등장했어요. 유럽 대륙 곳곳의 수백 군데에서 약 80종류의 공룡 종류가 발견되었어요. 유럽 대부분의 나라에서 공룡 화석이 나왔지만 그중에서도 영국 남부, 포르투갈, 스페인, 독일, 루마니아에 화석 산지가 많답니다.

초기 익룡
에우디모르포돈은 초기 익룡 중 하나로 이탈리아 북부에서 발견되었어요. 얕은 바다 위를 날다가 날아다니는 곤충이나 바다에 사는 물고기를 낚아채지요.

에우디모르포돈
2억 1천 5백만 ~
2억 1백만 년 전

쥐라기 최고의 육식 공룡
토르보사우루스는 유럽에서 발견된 육식 공룡 중 가장 커요. 길고 날카로운 이빨과 발톱이 있어서 먹잇감의 살가죽을 찢을 수 있어요. 토르보사우루스는 포르투갈과 프랑스에 살았고, 복슬거리는 깃털로 뒤덮여 있었을지도 몰라요.

토르보사우루스
1억 5천 5백만 ~
1억 4천 4백만 년 전

발라우르는 안으로 집어넣을 수 있는 갈고리 모양 발톱이 뒷다리에 두 개씩 달려 있었어요.

발라우르
7천 2백만 ~
6천 6백만 년 전

난쟁이 공룡들의 섬
발라우르와 마기아로사우루스는 지금의 테티스해에 있는 하체그라는 섬(지금의 루마니아)에 살았어요. 하체그의 모든 공룡들은 유럽의 다른 공룡들보다 자그마했지요. 마기아로사우루스는 조그마한 상대적으로 작은 용각류였어요. 발라우르가 속한 공룡 종류는 현대의 새로 진화했답니다.

마기아로사우루스
8천 3백만 ~
6천 6백만 년 전

남아메리카 공룡에 관한 모든 것 베스트 10!

1. **유럽에서 가장 큰 포식자 공룡**은 토르보사우루스예요. 몸 길이가 12미터로 커다란 버스보다도 더 길죠.
2. **가장 먼저 등장한 익룡**은 에우디모르포돈이에요. 조그만 턱에 100개가 넘는 이빨이 있었어요.
3. **공룡과 새 사이의 관계를 보여주는 유럽의 공룡**은 시조새예요. 공룡에서 새로 진화하는 그 중간 단계의 모습을 보여주죠.
4. **바다 최고의 포식자**인 이크티오사우루스의 자리를 대신한 공룡은 모사사우루스예요. 약 9천만 년 전에 유럽에 살았죠.
5. **영국에서 발견된 백악기 전기 공룡**은 네오베나토르예요. 날씬하고 빨라서 당시 최고의 포식자였죠.
6. **루마니아의 하체그 섬에 살았던 난쟁이 공룡**은 발라우르와 마기아로사우루스입니다.
7. **알을 낳지 않았던 공룡**은 이크티오사우루스예요. 이 바다 파충류는 새끼를 낳았답니다.
8. **우리가 수십 년 간 외모를 착각한 공룡**은 이구아노돈이에요. 코에 뿔처럼 달려 있는 줄 알았던 가시가 실제로는 발톱에 달려 있었던 거죠.
9. **플레시오사우루스와 비슷하지만 목이 짧은 종류**는 플리오사우루스예요. 악어처럼 짧은 목을 가졌고 무척 사나웠지요.
10. **가장 최초의 거북이**는 프로가노켈리스예요. 몸 길이는 1미터 정도고 요즘의 거북이랑 비슷한 외모였죠.

이구아노돈의 세계

최초의 이구아노돈 화석은 1822년 영국에서 발견됐어요. 과학자들에게 이름이 지어져 불리게 된 가장 초기 공룡 중 하나랍니다. 이 커다란 초식 공룡은 초기 백악기 시대 유럽 전역에서 흔하게 볼 수 있었어요. 완전한 화석도 많이 발견되어서 공룡 중에서도 잘 알려진 편이랍니다.

이구아노돈	
사는 곳 :	유럽, 1억 5천 7백만 ~ 9천 4백만 년 전
길이 :	최대 10m
무게 :	최대 5,000kg
먹이 :	초식

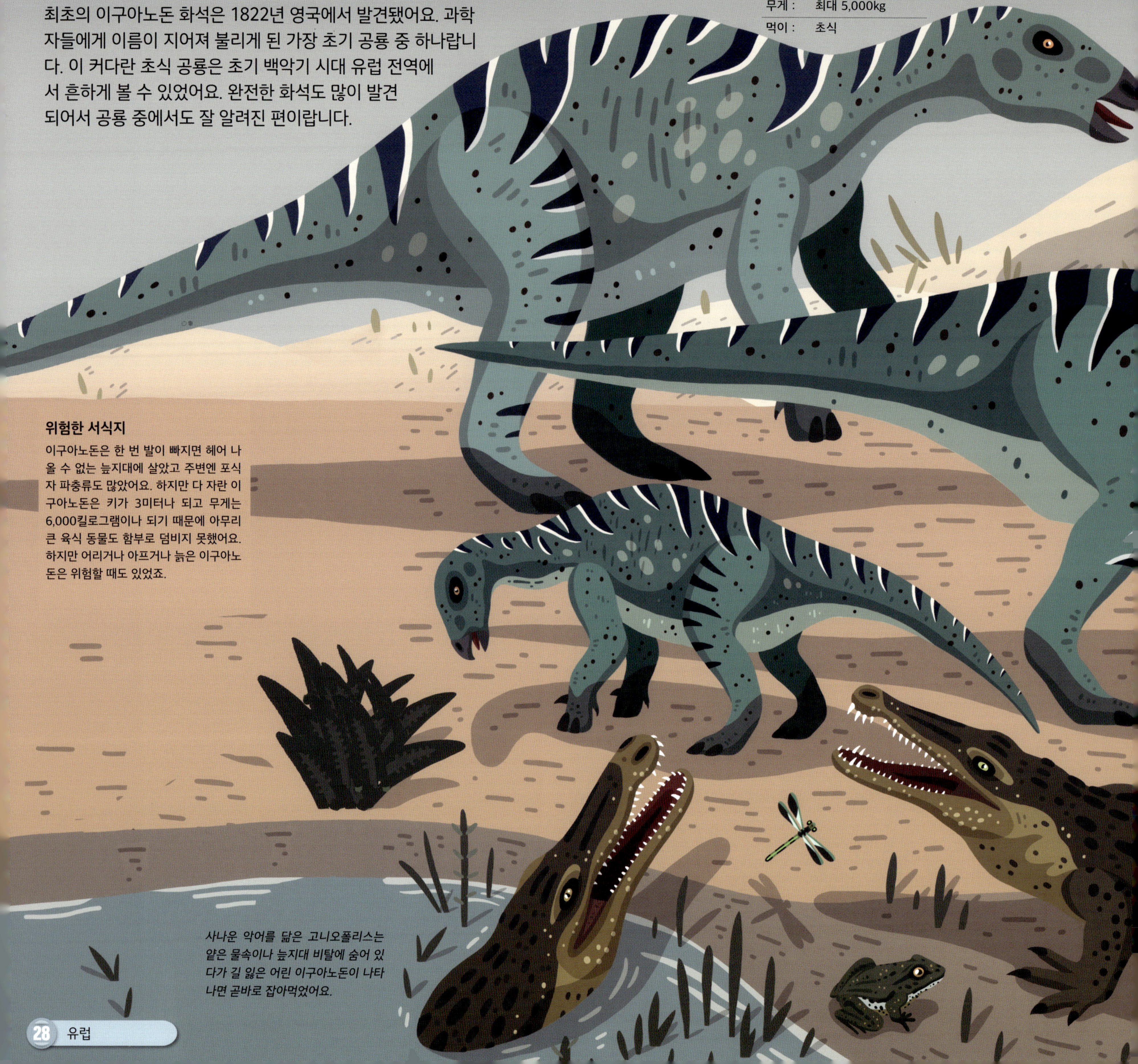

위험한 서식지

이구아노돈은 한 번 발이 빠지면 헤어 나올 수 없는 늪지대에 살았고 주변엔 포식자 파충류도 많았어요. 하지만 다 자란 이구아노돈은 키가 3미터나 되고 무게는 6,000킬로그램이나 되기 때문에 아무리 큰 육식 동물도 함부로 덤비지 못했어요. 하지만 어리거나 아프거나 늙은 이구아노돈은 위험할 때도 있었죠.

사나운 악어를 닮은 고니오폴리스는 얕은 물속이나 늪지대 비탈에 숨어 있다가 길 잃은 어린 이구아노돈이 나타나면 곧바로 잡아먹었어요.

유럽

커다란 육식 공룡 네오베나토르는 초기 백악기에 유럽에서 흔하게 볼 수 있었어요. 서너 마리씩 무리를 지어 다니는 이 커다란 포식자들은 힘을 합쳐 어른 이구아노돈을 공격했을지도 몰라요.

시조새

잘 보존된 시조새 화석이 1861년 독일에서 발견되었어요. 큰 까마귀 정도 크기에 깃털과 날개가 달린 이 동물은 새와 꼭 닮아 있었죠. 하지만 이들에겐 오늘날의 조류에겐 없는 턱과 이빨, 꼬리가 있었어요. 때문에 시조새는 공룡인지, 새인지, 아니면 그 중간에 있는 어떤 것인지 과학적인 논쟁이 불붙었지요.

시조새	
사는 곳 :	유럽, 약 1억 5천만 년 전
길이 :	약 50cm
무게 :	약 1kg
먹이 :	육식

시조새는 육식으로 작은 파충류, 포유류, 곤충을 잡아먹었어요. 튼튼한 턱과 날카로운 이빨, 발톱이 있어서 먹잇감을 낚아채기 좋았죠.

시조새는 지금까지 발견된 화석 중 가장 중요한 화석에 속해요. 대부분의 과학자들은 이들이 파충류에서 조류로 진화하는 중간 단계에 해당한다고 믿고 있어요.

시조새의 골격을 보면 왜 과학자들이 이들을 새와 연관시키는지 곧바로 이해할 수 있어요.

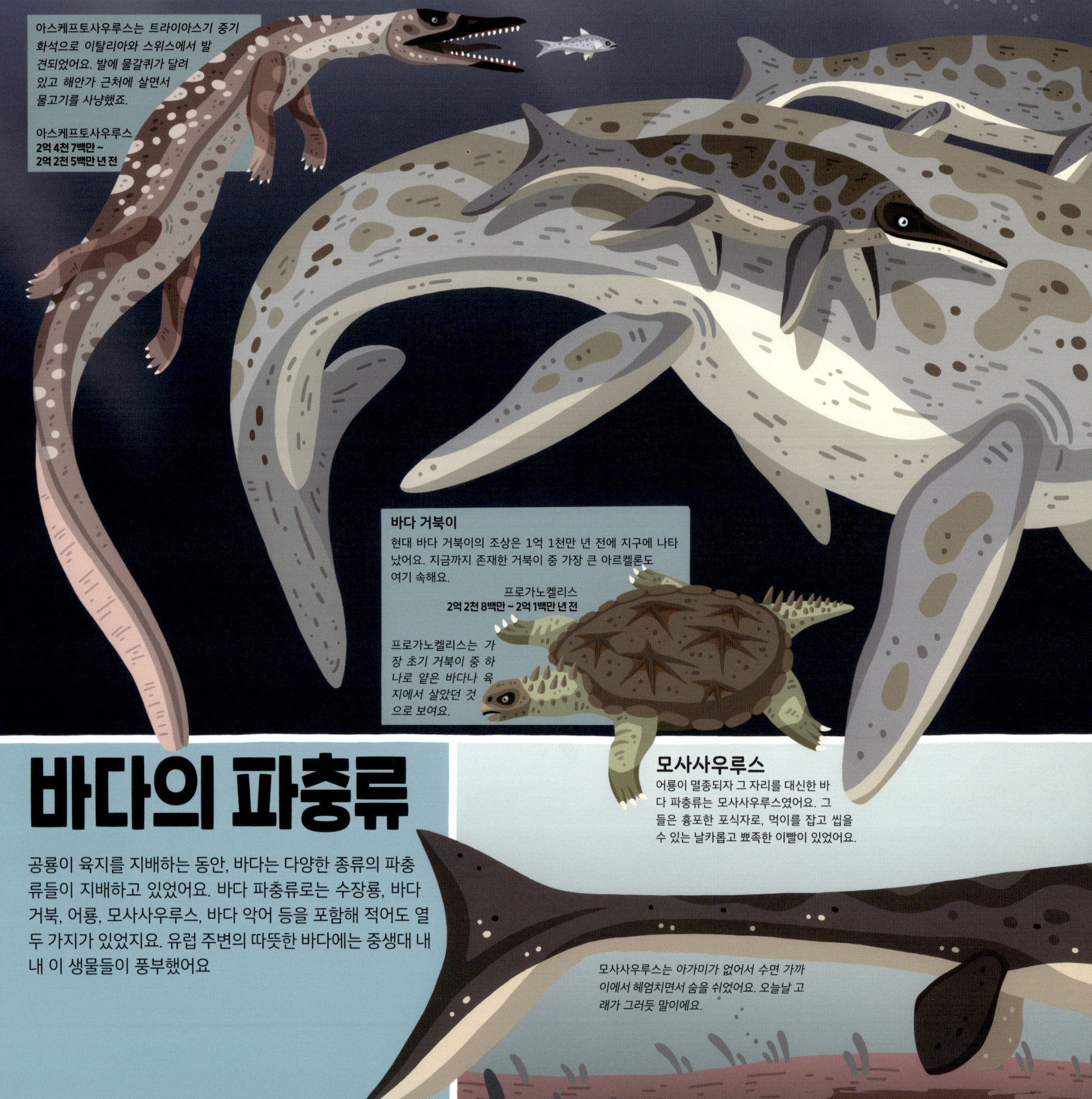

아스케프토사우루스는 트라이아스기 중기 화석으로 이탈리아와 스위스에서 발견되었어요. 발에 물갈퀴가 달려 있고 해안가 근처에 살면서 물고기를 사냥했죠.

아스케프토사우루스
**2억 4천 7백만 ~
2억 2천 5백만 년 전**

바다 거북이
현대 바다 거북이의 조상은 1억 1천만 년 전에 지구에 나타났어요. 지금까지 존재한 거북이 중 가장 큰 아르켈론도 여기 속해요.

프로가노켈리스
2억 2천 8백만 ~ 2억 1백만 년 전

프로가노켈리스는 가장 초기 거북이 중 하나로 얕은 바다나 육지에서 살았던 것으로 보여요.

바다의 파충류

공룡이 육지를 지배하는 동안, 바다는 다양한 종류의 파충류들이 지배하고 있었어요. 바다 파충류로는 수장룡, 바다 거북, 어룡, 모사사우루스, 바다 악어 등을 포함해 적어도 열두 가지가 있었지요. 유럽 주변의 따뜻한 바다에는 중생대 내내 이 생물들이 풍부했어요

모사사우루스
어룡이 멸종되자 그 자리를 대신한 바다 파충류는 모사사우루스였어요. 그들은 흉포한 포식자로, 먹이를 잡고 씹을 수 있는 날카롭고 뾰족한 이빨이 있었어요.

모사사우루스는 아가미가 없어서 수면 가까이에서 헤엄치면서 숨을 쉬었어요. 오늘날 고래가 그렇듯 말이에요.

어룡

'물고기 도마뱀'이라는 뜻의 이 종은 돌고래를 많이 닮았어요. 1억 5천만 년 동안 바다 최고의 포식자였던 어룡은 공룡보다 약 3천만 년 전에 멸종했어요.

거대 어룡의 발견

영국의 서머싯에서 한 남자가 개와 산책을 하다가 지금까지 발견되었던 것 중 가장 큰 이크티오사우루스 뼈를 발견했어요. 지구상에서 가장 큰 생물인 흰긴수염고래 정도 크기였죠.

어린 어룡은 알이 아닌 새끼 상태로 태어나기 때문에 크기만 작지 부모와 똑같이 생겼어요.

거대 어룡
- 사는 곳 : 영국, 2억 5백만 년 전
- 길이 : 26m
- 무게 : 최대 100,000kg
- 먹이 : 육식

최초로 어룡 화석을 발견한 사람은 영국의 어린 화석 사냥꾼 메리 애닝이었어요. 당시 그녀의 나이는 겨우 12살이었답니다.

수장룡

수장룡은 육식을 하는 바다 파충류로 트라이아스기 후기부터 백악기가 끝날 때까지 살았고 그 종류만 100가지가 넘어요. 새끼 상태로 태어나기 때문에 태어나자마자 호흡을 했고, 온혈 동물이었을지도 몰라요. 이 파충류는 목 길이에 따라 크게 두 그룹으로 나뉜답니다.

짧은 목의 플리오사우루스

악어처럼 목이 짧고 머리가 큰 수장룡은 플리오사우루스예요. 매우 빠르고 치명적이라 상어, 물고기, 오징어, 다른 바다 파충류를 활발하게 사냥했어요.

긴 목의 플레시오사우루스

이 종류는 목이 길고 머리는 작으며 헤엄치기 좋은 물갈퀴가 있었어요. 느릿느릿 움직이면서 물고기나 작은 동물들을 잡아먹었어요.

리오플레우로돈은 쥐라기 후반기에 살았어요. 몸 길이가 9미터 정도로 컸지만 플리오사우루스 치고 큰 편은 아니었어요. 15미터까지 자라는 종류도 있었으니까요.

리오플레우로돈
1억 6천 6백만 ~ 1억 4천만 년 전

플레시오사우루스
1억 9천 9백만 ~ 1억 7천 5백만 년 전

플레시오사우루스는 쥐라기 전반기에 살았어요. 3~5미터까지 자라기 때문에 수장룡 치고는 중간 크기지만, 남극 대륙에 살았던 엘라스모사우루스(45쪽) 같은 종들은 훨씬 컸답니다.

모사사우루스

- 사는 곳 : 전세계 곳곳의 바다, 8천 2백만 ~ 6천 6백만 년 전
- 길이 : 18m
- 무게 : 14,000kg
- 먹이 : 육식

모사사우루스는 상어를 포함한 물고기, 작은 바다 파충류, 새, 익룡을 사냥했어요. 턱 관절이 이중이라 먹이를 통째로 삼킬 수 있었죠.

바다 악어

오늘날의 악어와 비슷하게 생긴 이 악어류는 쥐라기 후기와 백악기 전기 육지와 바다에 살았어요. 모두들 활동적인 사냥꾼이었죠.

마키모사우루스 후그아이
약 1억 6천만 년 전

마키모사우루스 후그아이는 버스 한 대 정도 길이였어요. 바다 악어 중에서는 가장 큰 종류로 무시무시한 포식자였죠.

아시아

중국과 몽골은 공룡이 어마어마하게 발견되는 나라예요. 지난 25년간 이곳의 광활한 사막과 퇴적암 지대에서 발견된 다양한 화석들로 인해 우리는 공룡의 삶과 진화에 대해 새로운 것들을 많이 알게 되었어요. 인도에는 다른 아시아 지역과는 상당히 다른 매우 귀중한 화석이 많이 있었어요. 인도 대륙은 공룡 시대가 끝나고 한참 뒤에야 아시아 대륙과 합쳐졌거든요.

랴오닝의 귀중한 보물
1990년대 중반부터 중국 북동부 랴오닝에서 발견된 화석을 통해 공룡은 현대 조류의 조상이라는 것이 밝혀지며 오랫동안 과학계의 논쟁 거리였던 문제가 해결되었어요. 그 외에도 중요한 발견이 많이 이루어졌어요.

움직이는 대륙

트라이아스기 후기 — 판게아

쥐라기 후기 — 로라시아 / 곤드와나

백악기 후기 — 로라시아 / 곤드와나 / 인도

지도에 표시된 주황색 땅이 지금의 아시아예요. 인도는 4~5천만 년 전까지만 해도 아시아 대륙과 분리되어 남쪽에 있었어요.

프로토케라톱스
8천만 ~ 7천 5백만 년 전

프로토케라톱스는 양만한 크기였어요. 이들 조상 중 하나는 북아메리카로 건너갔고 거기에서 후손들이 다양한 각룡류로 진화를 했지요. (16~17쪽 참조)

젠유안롱
약 1억 2천 5백만 년 전

젠유안롱은 온몸에 깃털이 달린 재빠른 포식자 랍토르였어요. 길이가 2미터에 달하는 커다란 날개가 있지만 날지는 못했어요. 벨로키랍토르와 밀접한 관련이 있어요.

기간트스피노사우루스
1억 6천 3백만 ~ 1억 5천 7백만 년 전

어깨에 거대한 가시가 달려 있는 기간트스피노사우루스는 시력이 어마어마하게 좋았어요. 초기 중국의 검룡류는 후기 검룡류에 비해 가시와 판이 더 작았지요.

아시아의 공룡에 관한 모든 것 베스트10!

1. **깃털은 있지만 날지 못하는 최초의 공룡**은 시노사우롭테릭스예요. 1996년 처음 발견되어 우리가 공룡을 보는 시선을 바꿔놓았죠.
2. **세계에서 가장 큰 오리 부리 공룡**은 산퉁고사우루스예요. 중국에 살았던 이 공룡은 무게가 16,000kg까지 나갔어요.
3. **일본 출신 오리 부리 공룡**은 카무이사우루스로 홋카이도에 살았어요.
4. **트리케라톱스의 아시아 친척**은 프로토케라톱스예요. 몽골과 중국 북부에 살았죠.
5. **가장 유명한 아시아 공룡**은 벨로키랍토르지요.
6. **거대한 어깨 가시를 지닌 검룡류**는 기간트스피노사우루스예요. 가시는 방어와 과시용이었죠.
7. **중국에서 가장 중요한 공룡 화석 산지**는 아마도 랴오닝일 거예요. 그 지역에만 공룡 박물관이 적어도 열 개는 된답니다.
8. **아주 긴 목을 가진 공룡**은 마멘키사우루스예요. 목을 쭉 뻗으면 10미터 정도로 긴 버스만한 거죠.
9. **동물 중에서 가장 긴 발톱을 가진 공룡**은 테리지노사우루스예요.
10. **서로를 따뜻하게 지키기 위해 새끼들끼리 서로 부둥켜안은 채 발견된 공룡 화석**은 고비 사막에서 발견된 오비랍토르예요. 공룡도 사회생활을 했다는 걸 알 수 있죠.

초식을 하는 용각류는 가장 목이 긴 동물이었어요. 그중에서도 마멘키사우루스 목이 가장 길었는데 목 길이만 몸 길이의 거의 절반을 차지했답니다.

마멘키사우루스

사는 곳	중국, 1억 6천만 ~ 1억 4천 5백만 년 전
크기	길이: 20m
무게	2,700kg
먹이	초식

깃털 달린 공룡들

대부분의 공룡 화석은 단단한 뼈와 이빨로 이루어져 있지만, 가끔 부드러운 신체 일부가 발견되기도 해요. 중국에서는 깃털 달린 조그만 수각류가 많이 발견되어 사람들을 깜짝 놀라게 했죠. 고생물학자들은 이 공룡들이 지금의 새와 무척 많이 닮았다는 걸 발견하고, 새는 하늘을 나는 조그만 공룡이라는 이론을 생각하게 되었죠.

시노사우롭테릭스
1억 3천만 ~
1억 2천만 년 전

1996년 중국 랴오닝에서 발견된 시노사우롭테릭스는 최초로 발견된 깃털 달린 공룡이었어요. 물론 현대의 새 깃털에 비하면 원시적인 단계라 솜털에 가까웠지만요. 꼬리는 줄무늬에다 깃털엔 주황색이 섞여 있었을 거라고 해요.

카우딥테릭스
1억 3천만 ~
1억 2천 2백만 년 전

카우딥테릭스 역시 랴오닝에서 발견됐어요. 공작 크기의 이 공룡은 현대의 새처럼 깃털이 가득했고 특히 팔과 꼬리의 깃털은 무척 길었다고 해요. 날지는 못하지만 깃털 덕분에 체온을 유지할 수 있고 짝짓기를 할 때 상대를 유혹할 수 있었죠.

유티라누스
1억 3천만 ~
1억 1천 3백만 년 전

유티라누스는 랴오닝에서 발견된 티라노사우루스류 공룡으로 티라노사우루스 렉스와 친척 관계죠. 전체 길이는 10미터에 키가 3미터인 이 공룡은 지금까지 발견된 깃털 달린 공룡 중 가장 크답니다.

34 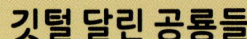 아시아

공룡의 사회생활

과학자들은 공룡이 현대의 새와 무척 비슷했다는 걸 깨닫고 어떤 비슷한 습성이 있었는지 찾기 시작했어요. 많은 공룡들이 새처럼 여럿이 떼를 지어 생활했고, 어떤 것들은 거대 군락을 이루기도 했어요. 화석화된 발자국을 살펴보면 가족이나 사냥 파트너들끼리 같이 다녔다는 걸 알 수 있어요.

볼 만했겠는 걸!

기간토랍토르는 꼭 커다란 새처럼 생겼지만 온 몸이 깃털로 덮여 있었는지는 아직 확신할 수 없어요. 기간토랍토르도 짝짓기 의식을 할 때는 마치 새처럼 암컷과 수컷이 서로 춤을 추었을 거라고 해요.

기간토랍토르는 오비랍토르류 공룡이지만 다른 오비랍토르류에 비해 훨씬 컸어요.

기간토랍토르의 크고 뾰족한 부리에는 이빨이 없었어요. 그래서 질긴 식물을 부스러뜨리거나 갈기에 좋았죠.

기간토랍토르

사는 곳	몽골, 8천 3백만 ~ 7천만 년 전
길이	8m
키	5m
무게	최대 3,600kg
먹이	아마도 초식

수컷 기간토랍토르는 짝짓기를 하고 싶은 암컷 앞에서 좋은 인상을 심어주기 위해 발을 구르며 화려한 색의 목 깃털을 흔들었어요.

2017년 고비 사막에서는 세 마리의 어린 오비랍토르가 발견되었어요. 이 이후로 비슷한 화석이 여러 차례 더 발견되었어요.

서로 꼭 껴안은 형제들

어린 오비랍토르 세 마리는 서로 부둥켜안은 모습으로 발견되었어요. 다들 나이가 같은 것으로 보아 형제거나 사촌이었을 그들은 죽을 때 서로의 온기를 나누기 위해 바짝 붙어 있었던 것 같아요. 이를 통해 지금의 새처럼 무리를 지어 산 공룡들도 있었다는 걸 알 수 있어요.

공룡알 화석지

몇몇 공룡들은 현대의 조류처럼 군락을 이루어 함께 새끼를 키웠어요. 몽골의 고비 사막에서는 테리지노사우루스를 포함한 여러 공룡들의 둥지가 상당히 좋은 상태로 발견되었어요. 그리고 17군데에서 약 50개가 넘는 알을 찾았지요. 과학자들은 공룡이 무리를 이루어 함께 살았을 뿐만 아니라, 커다랗고 맛있는 알에 이끌려 접근한 배고픈 포식자들로부터 힘을 합쳐 함께 알을 지켰을 거라고 생각해요.

테리지노사우루스
- 사는 곳 : 몽골, 7천 5백만 ~ 7천만 년 전
- 길이 : 최대 10m까지
- 무게 : 최대 6,000kg까지
- 먹이 : 불확실, 아마도 주로 초식

아시아

테리지노사우루스

이렇게 특이한 외모의 커다란 수각류는 후기 백악기 동안 몽골에 살았어요. 1948년 최초로 발견된 화석을 보고 과학자들은 거북이처럼 생긴 커다란 파충류의 모습을 상상했어요. 하지만 최근에 이들에게 깃털이 있었음이 발견되었고, 이젠 거대하고 신기한 새의 모습으로 추측하고 있어요.

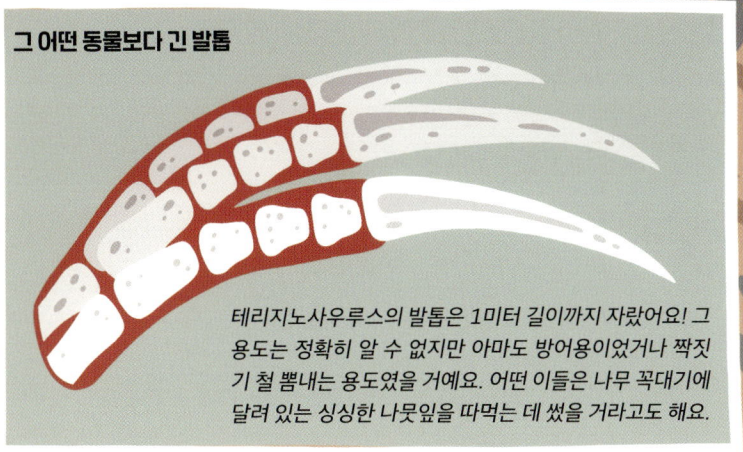

그 어떤 동물보다 긴 발톱

테리지노사우루스의 발톱은 1미터 길이까지 자랐어요! 그 용도는 정확히 알 수 없지만 아마도 방어용이었거나 짝짓기 철 뽐내는 용도였을 거예요. 어떤 이들은 나무 꼭대기에 달려 있는 싱싱한 나뭇잎을 따먹는 데 썼을 거라고도 해요.

테리지노사우루스 어미는 너무 커서 자기 알을 품을 수가 없었어요. 잘못하면 깨질 수도 있으니까요. 그들은 새끼가 부화할 때까지 안전하고 따뜻하게 알을 지키기 위해 둥지 위에 모래나 식물을 덮어 놓았을 거예요.

어른 공룡들은 서로 힘을 합쳐 밤낮으로 포식자 파충류로부터 새끼들과 알을 지켰어요.

알과 새끼

새끼 공룡은 암컷 공룡이 낳은 알에서 부화되지요. 지금까지 발견된 알로 추측하건데 공룡들은 보통 무리를 지어 둥지를 튼 것으로 보여요. 일부 공룡은 그 크기가 엄청난데도 공룡 알의 크기는 현대의 타조 알보다 그리 크지 않았어요. 대신 알에서 부화되자마자 빠른 속도로 성장했지요.

배아

아주 작은 배아가 들어 있는 화석알도 몇 개 발견됐어요. 이 알 안에는 아기 테리지노사우루스가 자라고 있네요. 기다란 발톱은 벌써 상당히 많이 자랐어요.

오비랍토르
9천만 ~ 7천만 년 전

깨트리지 않고 알 품기

몇몇 덩치 큰 공룡들은 일부러 둥지 바깥에 알을 낳아 품었어요. 그러면 어미가 둥지 가운데에 앉아도 알이 깨지지 않고, 어미의 깃털로 따뜻하게 품으며 보호할 수 있으니까요.

알록달록한 알

공룡의 알은 색이 무척 예쁘고 현대 조류의 알처럼 작은 반점이 찍혀 있었어요. 타원형 또는 원형인 이 알 중에는 울퉁불퉁 굴곡이 있는 것들도 있었어요.

움직이는 대륙

트라이아스기 후기
판게아

쥐라기 후기
로라시아
곤드와나

백악기 후기
로라시아
곤드와나

지도에 표시된 주황색 땅이 지금의 아프리카예요. 한때는 남아메리카와 붙어 있었기 때문에 공룡 화석이 많이 발견된답니다.

아프리카

아프리카는 발견된 공룡 화석도 많고 그 종류도 다양해요. 특히 트라이아스기와 쥐라기 전기의 공룡들이 많으며, 지금까지 발견된 것 중 가장 오래된 공룡으로 알려진 니아사사우루스도 아프리카에 살았었죠. 아프리카는 거대한 포식자 공룡의 고향이기도 했어요. 바로 스피노사우루스가 공룡 시대가 끝날 무렵 지금의 북아프리카 지역에 살았었죠.

가장 오래된 검룡류

검룡류는 북쪽의 로라시아 대륙에서는 흔하게 볼 수 있었지만 남쪽의 곤드와나에서는 거의 찾아볼 수 없었어요. 그런데 2019년 고생물학자들이 완전히 새로운 종류의 검룡류를 발견했고 여기에 '산 도마뱀'이라는 뜻의 아드라티클리트 보울라파라는 이름을 붙였어요. 모로코의 아틀라스 산맥에서 발견된 이 공룡은 아프리카 유일의 검룡류이며 지금까지 발견된 검룡류 중 가장 초기 형태예요.

오우라노사우루스

오우라노사우루스는 백악기 전기에 니제르에서 살았던 커다란 오리 부리 공룡이에요. 등을 따라 나있는 가시는 체온을 조절하거나 과시가 하는 용도였어요. 스피노사우루스의 등에 있는 지방으로 가득 찬 혹도 마찬가지였는데, 현대의 낙타 혹과 마찬가지로 먹을 게 없을 때 영양분으로도 쓸 수 있었답니다.

아르도닉스
2억 1백만 ~
1억 9천 1백만 년 전

아르도닉스는 남아프리카에 살던 아주 초기 용각류예요. 보통 두 다리로 서 있지만 때에 따라 네 다리로 걷기도 했죠.

오우라노사우루스
1억 2천 5백만 ~
9천 4백만 년 전

니아사사우루스는 지금까지 발견된 공룡 중 가장 오래 되었어요. 이 공룡 화석의 발견으로 공룡 시대가 시작되는 시기가 1천만 년에서 1천 5백만 년까지 더 앞당겨졌어요.

마소스폰딜루스
2억 ~
1억 8천 3백만 년 전

니아사사우루스
2억 4천 7백만 ~
2억 4천만 년 전

엄마의 보살핌

과학자들은 남아프리카공화국에 쥐라기 전기 공룡들의 보금자리 장소가 화석 상태로 남아 있는 걸 발견하고 기뻐했어요. 어떤 곳에서는 마소스폰딜루스의 알이 떼로 발견되어 이들도 새처럼 무리를 지어 살았음을 알게 되었어요. 이 알은 지금까지 발견된 공룡알 중 가장 오래된 것이었죠.

아프리카의 공룡에 관한 모든 것 베스트10!

1. **세계에서 가장 큰 육식 공룡**은 스피노사우루스입니다. 티렉스보다 키도 더 크고 더 길지만 무게는 가벼웠어요.

2. **세계에 가장 먼저 알려진 공룡**은 니아사사우루스랍니다. 래브라도 품종의 개만한 이 공룡은 탄자니아에 살았어요.

3. **세계에서 가장 오래된 공룡알**은 1억 9천만 년 전 것으로 남아프리카공화국에서 발견된 마소스폰딜루스의 알이에요. 안에는 배아도 들어 있었어요.

4. **쥐라기 최초의 거대 공룡 중 하나**는 레두마하디에요. 2018년에 남아프리카공화국에서 발견됐어요.

5. **아프리카에서 공룡 화석이 가장 많이 발견된 지역**은 탄자니아에 있는 텐다구루 언덕입니다.

6. **현대의 악어와 친척 관계인 공룡**은 사르코수쿠스입니다. 9.6미터까지 자라고 머리부터 꼬리까지 뼈피부로 뒤덮여 있었어요.

7. **아프리카에서 가장 큰 공룡**은 기라파티탄입니다. 기린 키의 두 배나 되는 이 공룡은 육지에서 살았던 동물 중 가장 큰 축에 속해요.

8. **이름의 뜻이 '악어 닮은 꼴'인 공룡**은 수코미무스지요. 기다란 주둥이에 이빨이 120개 달려 있어서 물고기를 잡기에 딱 좋았어요.

9. **지금까지 살아 있는 중생대 동물**은 실러캔스입니다. 거대한 마우소니아와 친척인 이 물고기는 아직도 인도양 깊은 곳을 헤엄치고 있어요.

10. **공룡을 잡아먹는 공룡**은 마준가사우루스예요. 같은 종끼리 잡아먹는 것으로 알려진 몇 안 되는 공룡 중 하나예요.

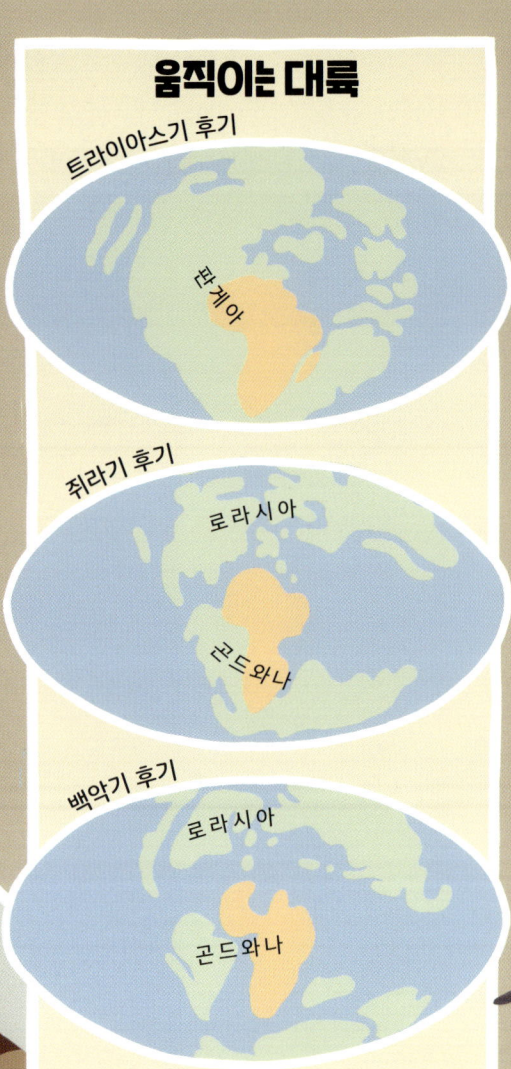

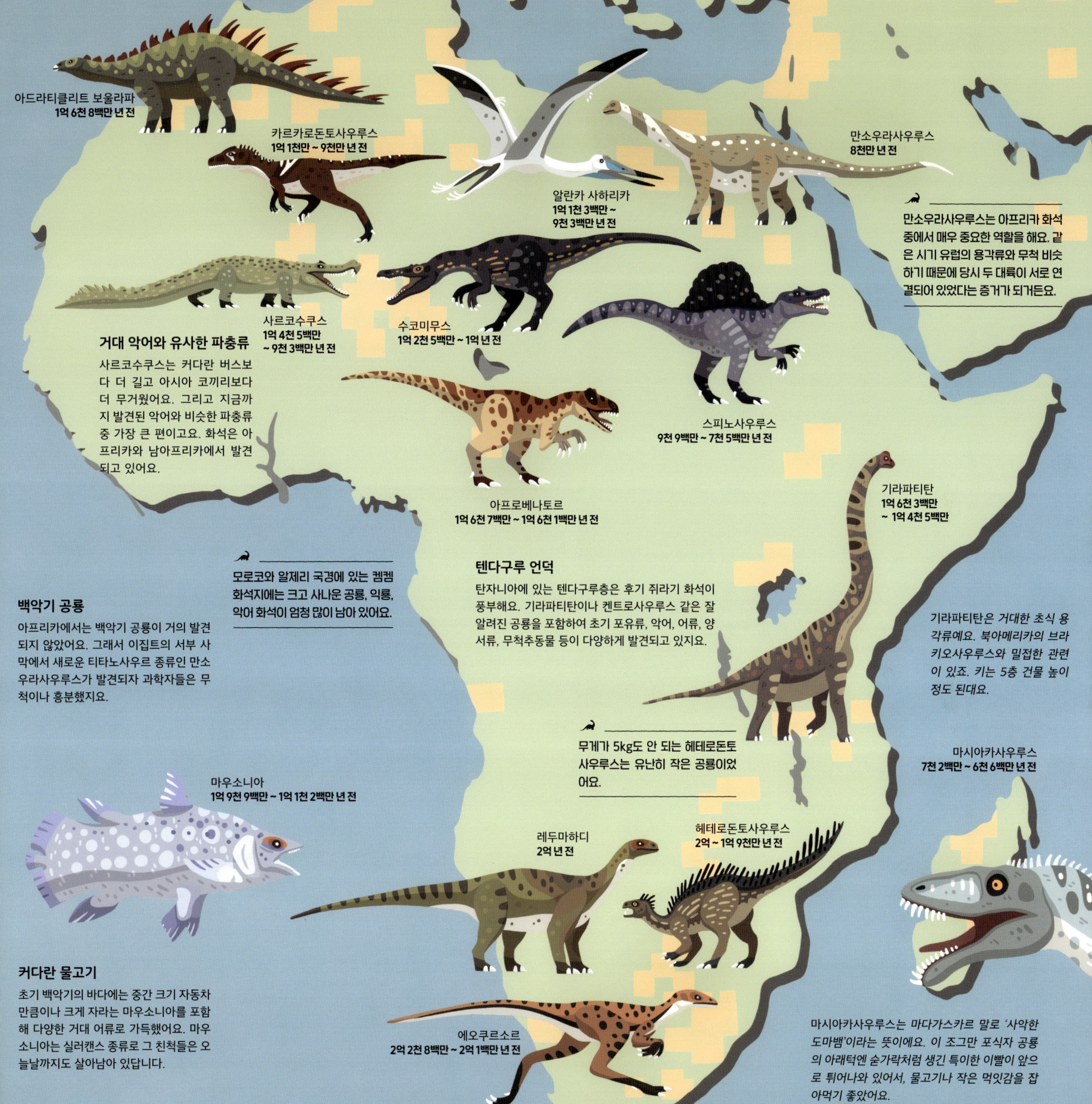

포악한 낚시꾼

육식 공룡 중에 가장 큰 스피노사우루스는 백악기 북아프리카를 뒤덮고 있던 늪지대와 강을 이리저리 돌아다녔어요. 땅과 물에서 자유롭게 다닐 수 있는 이 거대한 포식자는 얕은 물에 사는 큰 물고기를 사냥했지요. 스피노사우루스는 무릎 높이의 잔잔한 물 안에 서서 예리한 시력으로 날쌔게 도망치는 물고기를 지켜보다가, 무시무시한 이빨과 발톱으로 순식간에 공격을 했어요.

높은 혹의 수수께끼

과학자들은 스피노사우루스 화석이 처음 발견되었을 때부터 등에 있는 돛이 어디에 사용되는 건지 궁금해 했어요. 어떤 이들은 그저 뽐내기 용이거나 짝짓기 시기에 상대를 꾀는 용도였다고 생각하고, 또 어떤 사람은 체온을 유지하는 목적이었다고 해요. 먹이가 부족할 때 지방을 저장해 에너지로 사용했다는 사람도 있어요.

돛은 1.5~2 미터까지 자랐고 피부로 둘러싸인 가시돌기로 받치고 있었어요. 스피노사우루스 화석은 이집트와 모로코에서 발견되었습니다.

톱상어는 주둥이가 길쭉하고 이빨이 양옆으로 뻗어 나와 있어요. 또 각각의 이빨에는 마치 작살처럼 뒤쪽을 향해 난 가시가 있었어요. 톱상어는 아마 이 이빨을 포식자에게서 자신을 방어할 때 사용했을 거예요. 이들의 입 안에는 먹이를 씹을 때 필요한 조그만 보통 이빨도 있었대요.

스피노사우루스

- 사는 곳 : 북아프리카 9천 9백만 ~ 7천 5백만 년 전
- 길이 : 최대 18m
- 무게 : 최대 7,500kg
- 먹이 : 육식(어류, 육류)

스피노사우루스는 힘 센 수영 선수로 뒷다리로 노를 젓고 꼬리로 추진력을 얻었어요.

자이언트 톱상어의 턱에는 이빨이 줄지어 있어요.

톱상어 역시 무시무시한 포식자였을 거예요. 눈은 머리 꼭대기에 달려 있어서 먹잇감을 찾기 좋았어요. 이빨에는 가시가 돋쳐 있어서 먹잇감이 쉽사리 도망치지 못했고요.

자이언트 톱상어는 성인의 키 세 배 정도까지 자랐어요.

아프리카

스피노사우루스의 턱은 다른 악어들보다 훨씬 길어서 현대 악어의 턱 모습과 비슷했어요.

온코프리스티스 -자이언트 톱상어

사는 곳	북아프리카 9천 5백만 ~ 6천 6백만 년 전
길이	최대 8m
무게	최대 900kg
먹이	어류

세상과 동떨어진 마다가스카르

오늘날 마다가스카르 섬은 아프리카 해안 가까이에 있지만 중생대 시기 대부분은 인도와 연결되어 있었어요. 그래서 이곳에서 발견되는 화석은 아프리카의 화석과는 상당히 다르고 오히려 인도에서 발굴된 화석과 비슷해요. 또한 이 섬에서만 발견된 독특한 동물도 여럿 있답니다.

벨제부포
7천만 ~ 6천 6백만 년 전

벨제부포, 일명 '악마 개구리'는 지구상 가장 큰 개구리로 커다란 비치볼만 했어요. 또 굉장히 공격적이라 몸에 비해 큰 입으로 먹잇감을 꿀꺽 집어 삼켰죠.

라호나비스
7천 2백만 ~ 6천 6백만 년 전

라호나비스는 조그만 새처럼 생긴 수각류로 시조새와 밀접한 관련이 있었어요. 현대의 큰까마귀보다 조금 더 큰 이 동물은 깃털은 있었지만 실제로 날 수 있었는지는 알지 못해요.

마다가스카르 섬에서 발견된 공룡 화석 대부분은 섬의 북동부에 있는 백악기 마에바라노 지층에서 발견된 거예요. 가벼운 사암으로 이루어진 지층이라 온전한 화석이 아주 좋은 상태로 보존되었답니다.

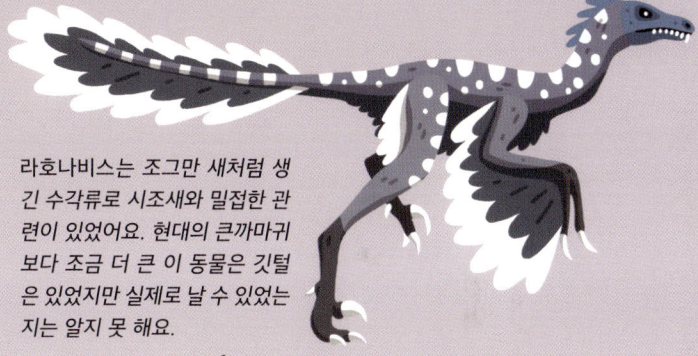

마준가사우루스
7천 2백만 ~ 6천 6백만 년 전

마준가사우루스는 백악기 후기 동안 마다가스카르 섬에 살았던 커다란 육식 공룡입니다. 같은 종류끼리도 서로 잡아먹었던 몇 안 되는 공룡 중 하나이지요.

오세아니아 & 남극 대륙

움직이는 대륙

트라이아스기 후기
판게아

쥐라기 후기
로라시아
곤드와나

백악기 후기
로라시아
곤드와나

지도에 표시된 주황색 땅이 지금의 오스트레일리아와 남극 대륙이에요. 공룡 시대 대부분은 같은 땅이었지만 백악기가 끝날 무렵 서로 분리되었어요.

오세아니아와 남극 대륙은 다른 지역에 비해 공룡 화석이 많이 발견되지 않았어요. 공룡이 살지 않았다기보다는 두 대륙 모두 워낙 넓은 데다 극심한 기후에 인구가 적어서 화석 발굴 자체가 쉽지 않기 때문이에요. 그래도 지난 20년 동안은 공룡에 대한 끝없는 관심과 새로운 기술 덕분에 두 대륙에서도 공룡 화석 발굴이 급격히 증가했어요.

남극 대륙엔 영구 거주자가 없어요. 과학자들도 여름 동안 한 번에 두세 달 씩만 머물렀다가 다시 고향으로 돌아와 자신들이 발견한 걸 분석합니다.

남극 대륙에서 공룡 찾기

남극에서는 1986년이 되어서야 첫 공룡 화석이 발견됐어요. 바로 안타르크토펠타라는 이름의 곡룡류였죠. 그 이후로 대륙을 가로지르는 남극횡단산지에서 다른 종류의 공룡 화석도 많이 발견되었어요.

크리욜로포사우루스
1억 9천 9백만 ~
1억 8천 3백만 년 전

모로사우루스
7천만 ~
6천 6백만 년 전

모로사우루스는 이구아노돈류 공룡이었어요.

크리욜로포사우루스는 남극에서 발견된 최초의 육식 공룡이자 당시 이 지역에서 가장 큰 공룡이었어요. 머리 위에는 특이하게 생긴 부채 모양 볏이 달려 있었죠.

트리니사우라는 작고 부리가 있는 조각류 공룡이었어요.

트리니사우라
8천 3백만 ~
7천만 년 전

안타르크타낙스는 상당히 작은 조룡이었어요. 악어와 공룡의 초기 조상이었던 거죠.

안타르크토펠타
8천 3백만 ~ 7천만 년 전

● 남극
남극횡단산지

안타르크타낙스
약 2억 5천만 년 전

글라키알리사우루스
1억 9천 9백만 ~
1억 8천 2백만 년 전

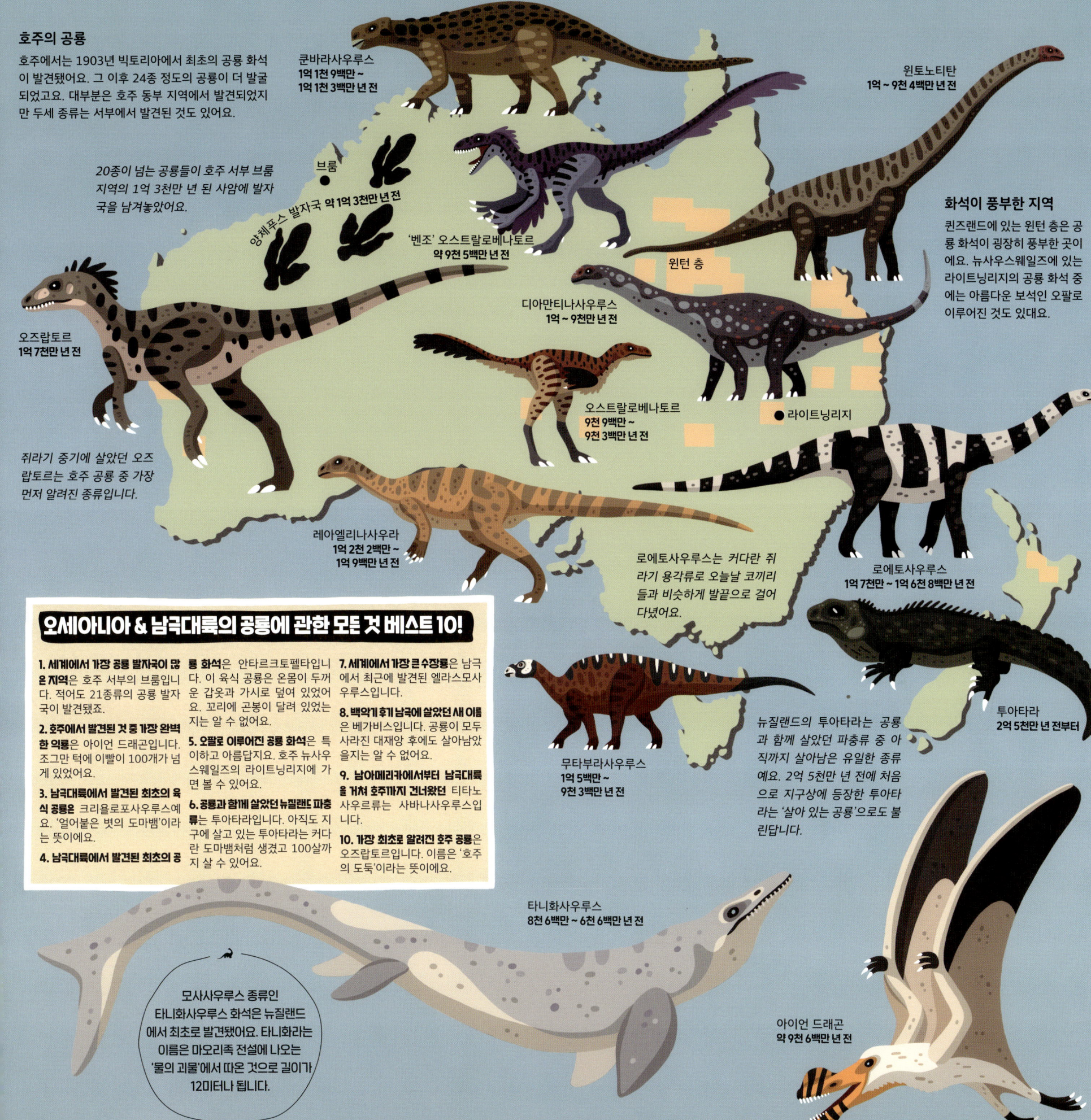

남극대륙에서 살기

지금의 남극대륙은 1.6킬로미터 두께의 얼음판 밑에 묻혀 있지만, 백악기 동안은 질척거리고 온화한 우림 지대로 뒤덮여 있었어요. 지금보다는 따뜻했지만 워낙 남쪽에 있어서 겨울에는 몇 달 동안 지평선 위로 해가 떠오르지 않았어요. 그렇게 길고 어두운 겨울이 있는데도 남극대륙엔 다양한 종류의 공룡이 살았습니다.

과학자들은 남극대륙 우림지대 안에서 화석을 발견하고 깜짝 놀랐어요. 그곳에 살았던 동식물들은 기나긴 겨울을 견디기 위해 특별한 적응 기간이 필요했을 거예요.

엘라스모사우르스
약 7천만 년 전

사바나사우르스는 남아메리카에서 온 티타노사우르류 공룡이었어요. 화석이 호주에서도 발견된 것으로 보아 이 거대한 공룡의 조상은 약 1억 년 전, 호주가 북쪽으로 이동하기 전 남아메리카에서 남극대륙을 거쳐 호주로 이동한 것으로 보여요.

딜루비커서
1억 1천 5백만 ~
1억 1천만 년 전

사바나사우르스
1억 5백만 ~
9천 5백만 년 전

베가비스
6천 8백만 ~
6천 6백만 년 전

백악기 후기 조류
남극대륙에서는 백악기 조류의 발자국과 화석이 발견되고 있어요. 최초의 펭귄도 이 당시 진화를 한 듯 해요. 물고기를 잡아먹는 베가비스와 거대한 엘라스모사우르스도 남극 바다에 함께 살았어요. 베가비스는 현대의 오리와 관련이 크고, 성대 화석으로 보건대 거위와 비슷한 소리를 냈어요.

44 남극대륙

공룡의 종말

중생대는 대멸종 사건과 함께 약 6천 6백만 년 전에 끝났어요. 대부분 과학자들은 거대한 소행성이 우리 지구와 충돌하면서 지구상의 생명체 4분의 3을 죽게 만들었다고 생각해요. 현대 조류의 조상이 되는 몇몇 종만 남기고 거의 모든 공룡은 사라졌어요.

충격!

지름이 약 10킬로미터나 되는 소행성이 충돌하자 그 충격으로 수백만 개의 핵폭탄이 동시에 터진 것 같은 에너지가 방출되었어요. 이 충돌은 바닷가에는 무시무시한 쓰나미를, 육지에는 들불을 일으켰어요. 또 피어오른 먼지와 잔해 때문에 몇 년 동안 태양이 차단됐어요. 햇빛이 부족하자 식물은 광합성을 하지 못해 죽었고, 처음 충돌에 살아남았던 동물들마저 먹이가 없어져서 멸종하게 되었지요.

에난티오르니테스는 이빨이 있었다는 점만 빼면 현대의 조류와 무척 비슷했어요. 새에겐 이빨이 없거든요.

누가 살아남았나?

소행성 충돌로 육지에 사는 동물은 얼마 남지 못했어요. 심지어 가장 흔한 에난티오르니테스라는 새도 모두 죽고 말았죠. 원래 이들은 나무에 살았는데, 숲이 모두 파괴되면서 서식지가 사라졌거든요.

어떻게 알까?

1980년 소행성 이론을 처음 제안한 사람은 루이 알바레즈와 월터 알바레즈 부자 과학자였어요. 그들은 공룡이 멸종하던 바로 그 시기 지층에서 다량의 이리듐을 발견했어요. 이리듐은 지각에는 거의 없고 소행성에는 풍부한 원소였거든요. 이후 과학자들은 멕시코의 유카탄 반도 해안에서 소행성 충돌 때문에 생긴 거대한 충돌 분화구도 발견했어요.

또 다른 이론

모든 과학자들이 소행성 이론을 믿는 건 아니에요. 몇 년 간의 심각한 화산 활동으로 하늘이 이산화탄소와 다른 가스로 뒤덮이면서 지구의 온도가 내려가고, 공룡도 서서히 사라졌을 거라고 생각하는 이들도 있어요. 이 시나리오에서 소행성 충돌은 안 그래도 안 좋던 상황을 악화시킨 사건일 뿐이죠.

데칸 트랩

백악기 말, 인도 북부에서는 넓은 지역에 걸쳐 약 30,000년 동안 활발한 화산 활동이 이어졌어요. 용암이 땅을 뒤덮고 가스와 먼지가 하늘을 가득 채웠죠. 이 때문에 지구상의 생물들이 점점 줄어들었을지도 몰라요.

색인

ㄱ
각룡 16-17
갈레오노사우루스 45
검룡 38
고니오폴리스 28
공룡알 37
그나토보락스 22, 23
글라키알리사우루스 42
기가노토사우루스 20, 21, 24-25
기간토랍토르 34-35
기간트스피노사우루스 7, 32
기라파티탄 7, 38, 39

ㄴ
네오베나토르 27, 29
노타테소라에랍토르 27
노토콜로수스 25
니아사사우루스 38
닉토사우루스 19

ㄷ
다코타랍토르 13
대륙 이동 9
데이노니쿠스 13
드레드노투스 20
디아만티나사우루스 43
디키노돈트 22
디플로도쿠스 9-10, 12, 14
딜롱 7, 33
딜루비커서 44

ㄹ
라호나비스 41
레갈리케라톱스 17
레두마하디 38, 39
레아엘리나사우라 43
렙토케라톱스 6, 27
로에토사우루스 43
루펜고사우루스 33
리오자사우루스 6, 20
리오플레우로돈 7, 31
린코사우루스 23
링우룽 33

ㅁ
마기아로사우루스 26
마라수쿠스 22
마멘키사우루스 7, 10, 11, 32, 33
마소스폰딜루스 38
마시아카사우루스 39
마우소니아 38, 39
마이아사우라 13
마준가사우루스 38, 41
마키모사우루스 후그아이 31
만소우라사우루스 7, 39
메갈로사우루스 27
메나돈 22
모로사우루스 42
모사사우루스 26, 30, 31, 43
무타부라사우루스 7, 43
미스트랄라즈다르코 27
미크로랍토르 7, 33

ㅂ
바다 거북 30
바다 악어 31
바라파사우루스 33
바자다사우루스 23
발라우르 7, 26
베가비스 43, 44
벤조 오스트랄로베나토르 43
벨로키랍토르 32, 33
벨제부포 41
브라키오사우루스 14, 15

ㅅ
사르코수쿠스 38, 39
사바나사우루스 43, 44
사우로수쿠스 22
사우로포세이돈 12, 15
사투르날리아 22
산퉁고사우루스 32, 33
살타사우루스 20, 25
소르데스 18
수장룡(장경룡) 31
수코미무스 38, 39
수퍼사우루스 14
스모크 27
스키피오닉스 27
스테고사우루스 6, 12, 14, 15
스트루티오사우루스 7, 27
스티라코사우루스 10, 11, 12, 16
스피노사우루스 6, 38, 40-41
시노사우롭테릭스 32, 34
시아츠 미커로룸 10, 11
시조새 26, 29, 41
실러캔스 38, 39

ㅇ
아나비세티아 6, 21
아드라티클리트 보울라파 38, 39
아르도닉스 38
아르켈론 30
아르헨티노사우루스 20, 24-25
아리스토넥테스 21
아리조나사우루스 11
아마르가사우루스 6, 20, 21, 23
아스케프토사우루스 7, 30
아우스트로랍토르 6, 20
아이언 드래곤 43
아즈다르코 19
아즈다르키드 익룡 45
아퀼롭스 12, 16
아파토사우루스 15
아프로베나토르 39
안키오르니스 7, 33
안타르크타낙스 7, 42
안타르크토펠타 42, 43, 45
알라모사우루스 15
알란카 사하리카 39
알로사우루스 11, 12, 14, 15
알베르타케라톱스 16
알왈케리아 7, 33
어룡 10, 21, 30, 31
에난티오르니테스 46
에오드로마에우스 20
에오랍토르 20
에오쿠르소르 7, 39
에우디모르포돈 26
에우오플로케팔루스 13
에이노사우루스 16
엘라스모사우루스 13, 31, 44
예홀롭테러스 18
오르니토미무스 13
오비랍토르 32, 35, 37
오스트랄로베나토르 43
오우라노사우루스 38
오즈랍토르 43
오쿨루덴타비스 33
오프탈모사우루스 6, 27
올카우렌 21
웬디케라톱스 16
윈토노티탄 43
유타케라톱스 16
유티라누스 34
이구아노돈 9, 27-29
이리타토르 20, 21
이사노사우루스 7, 33
이스키구알라스티아 22

ㅈ
자이언트 몽골 익룡 7, 33
자이언트 알래스카 트루돈 13
젠유안롱 7, 32
조룡 22

ㅋ
카르노토사우루스 21
카르카로돈토사우루스 10, 39
카르토린쿠스 7, 33
카마라사우루스 15
카무이사우루스 32, 33
카스모사우루스 16
카우딥테릭스 34
카이우아야라 20, 21
카일레스티벤투스 11, 13
케찰코아틀루스 12, 18-19, 33
센트로사우루스 16
켄트로사우루스 10, 11, 39
코스모케라톱스 16
코아후일라케라톱스 13
코엘로피시스 11, 12, 13
쿤바라사우루스 43
쿨린다드로메우스 33
크리욜로포사우루스 42, 43
키노돈트 20, 22
키티파티 10, 11
킴보스폰딜루스 27

ㅌ
타나토테리스테스 12
타니화사우루스 43
탈라소드로메우스 18
테리지노사우루스 7, 32, 36-37
토르보사우루스 6, 26
톱상어 40-41
투아타라 7, 43
트리니사우라 42
트리케라톱스 7, 12, 16-18, 27, 32
티라노사우루스 렉스 6, 10, 12-13, 25
티라노사우루스류 12, 33-34
티무르렝기아 33
티타노사우루스 10, 20, 24-25, 39

ㅍ
파라사우롤로푸스 12, 16
파키케팔로사우루스 6, 12, 13, 16
파타고사우루스 21
파타고티탄 25
판파기아 21
포스토수쿠스 11
프로가노켈리스 26, 30
프로토케라톱스 32
프테라노돈 19
프테로닥틸루스 11
플라케리아스 13, 22
플라테오사우루스 12-14, 27
플레시오사우루스 7, 26, 31
플리오사우루스 26, 31
피사노사우루스 22

ㅎ
하드로사우루스 11, 16
헤레라사우루스 21, 22
헤스페로르니토이데스 13
헤테로돈토사우루스 39
헬보이 7, 17
혼비 아일랜드 익룡 10, 11
화석화 8
후탈롱코사우루스 20